KLAUS KOEPPE

Traumwissen

Eine Hinführung in das Vertrauen in die eigenen Träume

2.Auflage 2014

Danksagung

Ich danke allen Träumerinnen und Träumern für ihr freundliches Einverständnis, ihre Träume hier in diesem Buch als Beispiele abzudrucken. Gerade die Fülle des praktischen Traummaterials verdeutlicht den Reichtum des Themas.
Meinem bereits verstorbenen Bruder Friedrich Koeppe danke ich für die technische Hilfe beim Erstellen der Grafiken.

Für Marc Raffael

Danke, dass wir uns im Traum begegnen durften

Inhalt

Vorwort

An meine Leserinnen und Leser:
Dieses Buch ist aus einem Seminar über Träume entstanden.
Deshalb spreche ich Sie, liebe Leserin, lieber Leser, gleich zu
Beginn persönlich an. Ein Buch zu schreiben bedeutet für
mich, in Gedanken mit und zu den Menschen zu sprechen, die
diese Zeilen lesen.

Ich habe dieses Buch geschrieben, damit Sie, liebe Leserin und
lieber Leser, Vertrauen in Ihre eigenen Träume gewinnen. Der
Traum ist eine einzigartige Möglichkeit, sich selbst zu
begegnen. Er offenbart uns unsere wirklichen Probleme,
Wünsche, Sehnsüchte und auch unser tiefes Wissen um uns
selbst und die Wirklichkeit. Der Traum ist eine einzigartige
Quelle zum Dasein, ein Tor zu einer sehr umfassenden
Realität. Träume sind für mich Lebenshilfe.

Wir leben heute in einer Zeit mit einem sehr eingeschränkten
Weltbild, das unser Denken und Empfinden dominiert. Das
sogenannte „wissenschaftliche" Weltbild hat uns viele
technische Errungenschaften gebracht, wie das Telefon, das
Flugzeug, den Computer, die chemische Industrie mit ihren
vielen neuen Medikamenten, das Klonen von Lebewesen, um
nur einige zu nennen. Den meisten Menschen ist gar nicht
bewusst, wie tief dieses Weltbild, basierend auf den Axiomen
der Naturwissenschaft, ihr Denken, Fühlen und Handeln

beeinflusst. Es ist meine Erfahrung, dass die meisten Menschen in unserer Kultur von ihrer eigenen Intuition ziemlich weit entfernt sind. Sie glauben lieber irgendwelchen wissenschaftlichen Studien als sich selbst und ihren Gefühlen. Seit dem Ausgang des Mittelalters ist unsere westliche Zivilisation skeptisch gegenüber allem Gefühlsmäßigen. So kam es, dass auch dem Traum wenig oder keine Bedeutung zugemessen wurde. Die meisten Menschen halten Träume für Schäume. Sie, liebe Leserin und lieber Leser, sind da wohl eine Ausnahme. Und für Sie habe ich dieses Buch geschrieben.

Aus dem Gesagten ergibt sich, dass ich mit diesem Buch keinen wissenschaftlichen Anspruch verbinde, was für mich keinen Mangel bedeutet, sondern ausschließlich eine andere Herangehensweise an den Traum beschreibt. Ich verzichte auf lange Beweisführungen und wissenschaftliche Untersuchungen. Vielmehr beziehe ich mich auf das reiche Material an eigener und fremder Erfahrung. Auch folge ich keiner psychologischen Schule, sondern versuche, mich für die Anregungen verschiedenster Theorien, Sichtweisen und Erfahrungen offen zu halten und davon zu lernen. Ich vertraue darauf, dass Sie, liebe Leserin, lieber Leser, selber entscheiden können und wollen, was Sie für wahr oder unwahr halten.

Ich möchte Sie unterstützen, an die Botschaften und Bedeutungen Ihrer Träume zu glauben. Ich möchte Sie mit dem nötigen Vertrauen und Grundwissen ausstatten, damit Sie selber ihre Träume deuten und verstehen können. Um sich Ihren Träumen zu nähern, ist es notwendig, dass Sie Ihr Weltbild erweitern und sich von den Grenzen der naturwissenschaftlich-materialistischen Einengung lösen. Die Wirklichkeit des Traumes lässt sich nicht eingrenzen. Haben Sie den Mut, Ihre eigenen intellektuellen Grenzen zu überschreiten und dem Phänomen des eigenen Traumes zu folgen.

Der Traum gehört Ihnen, er ist vielleicht das Intimste und Persönlichste, das wir haben. Ihre Persönlichkeit produziert den Traum, er ist Ihr ureigenstes Produkt. Also sind auch Sie selbst der entscheidende Schlüssel dazu. In dieser simplen Wahrheit gründet mein Vertrauen in die Träume. So wie der Durst ein Beweis dafür ist, dass es Wasser gibt, so sollte Ihr Traum Sie zu dem Vertrauen ermutigen, dass Sie ihn auch selbst deuten und verstehen können. Warum sollten Sie sonst träumen? Sie haben ja auch Beine, um damit selbst zu laufen. So haben Sie auch Träume, um sich selbst besser zu verstehen. Die Schöpfung ist so eingerichtet, dass jeder Mensch grundsätzlich die eigenen Träume deuten und verstehen kann, wenn er oder sie dazu bereit ist.

Seit meiner Pubertät deute ich Träume. Meine Mutter war Psychotherapeutin und hatte eine kleine, aber feine Bibliothek mit psychologischer Literatur. Ich war oft allein und stöberte in diesen Büchern. Als ich 15 oder 16 Jahre alt war griff ich zu Sigmund Freuds „Traumdeutung". Vor lauter Fremdworten und Fachbegriffen verstand ich zuerst kaum etwas. Also legte ich mir ein kleines Vokabelheft zu und lernte all diese fremden Begriffe, um das Buch besser zu verstehen. Dann begann ich, meine eigenen Träume zu deuten. Es funktionierte! Doch die vielen Intimitäten, die ans Licht meines Bewusstseins gezogen wurden, waren mir sehr peinlich. Ich konnte mit niemandem darüber sprechen. Dennoch – oder gerade weil es funktionierte -, faszinierte mich der Traum. In vielen Jahren lernte ich, meinen eigenen Träumen zu vertrauen und ebenso meiner eigenen Intuition bei der Deutung. Seither habe ich sehr viele Menschen bei der Deutung ihrer Träume erfolgreich unterstützt.

Die innere Bereitschaft, sich selbst zu begegnen, ist die einzige und wichtigste Bedingung bei der Traumdeutung. Was Sie, liebe Leserin und lieber Leser, am meisten brauchen ist: Ehrlichkeit sich selbst gegenüber. Traumdeutung verlangt konsequente Offenheit und Ehrlichkeit sich selbst gegenüber. Unsere eigene Kritik ist das größte zu überwindende Hindernis bei der Traumdeutung.

Es ist ein verständliches Phänomen des Menschseins, dass wir die unangenehmen Dinge und Probleme verdrängen. Je stärker unser Widerstand ist, uns selbst und unsere wirklichen Probleme ehrlich anzuschauen, desto schwieriger wird die Traumdeutung. Jeder von uns entscheidet also mit der inneren Einstellung selbst darüber, ob die Traumdeutung ein anstrengender und vielleicht aussichtsloser oder ein interessanter und erkenntnisreicher Prozess ist.

Für mich ist Traumdeutung eines der größten Abenteuer, die wir heute noch erleben können. So wie Jules Verne davon träumte, in das Innere der Erde zu reisen, so ist der Traum die reale Möglichkeit, in das Innere der eigenen Persönlichkeit zu reisen und noch viel weiter.

Dieses Buch wird Ihr Weltbild anfragen, erweitern und vielleicht sprengen. Darum bitte ich Sie: halten Sie sich offen für die Vielfalt der Wirklichkeit. Die meisten Menschen haben Angst, Ihr Weltbild zu erweitern. Sie fürchten um Ihre Sicherheit. Doch Sie werden bald erkennen, dass diese Art der Sicherheit nur eine Illusion ist. Je mehr Sie von sich selbst, dem Leben und der Wirklichkeit erkennen, desto sicherer werden Sie sich fühlen.

In diesem Sinne begrüße ich Sie sehr herzlich auf der spannenden und interessanten Reise zu sich selbst!

Um Ihren Geist und Ihr Weltbild so zu erweitern, dass Sie für die Dimension der Träume offen sind, habe ich einen Text aus dem Buch „Ein Kurs in Wundern" diesem Buch vorangestellt, den Sie gleich auf der nächsten Seite finden. Ich empfehle Ihnen, diesen Text immer wieder laut zu lesen, so dass Sie selbst ihn hören. Lesen Sie ihn so lange, bis Sie aus dem Bauch heraus eine Ahnung gewinnen, was damit gemeint ist.

„Träume zeigen dir, dass du die Macht hast,
eine Welt zu machen, wie du sie haben willst,
und dass du sie siehst, weil du sie haben willst.
Und so lange du sie siehst, zweifelst du nicht daran,
dass sie wirklich ist.
Doch hier ist eine Welt, eindeutig in deinem Geist,
die außen zu sein scheint.
Du reagierst nicht so auf sie, als hättest du sie gemacht,
noch wird dir klar, dass die Gefühle,
die der Traum erzeugt, von dir kommen müssen.
Die Traumgestalten und das, was sie tun, sind es,
die den Traum zu machen scheinen.
Du merkst nicht, dass du sie für dich ausagieren lässt,
denn merktest du es, läge die Schuld nicht bei ihnen,
und die Illusion der Befriedigung wäre dahin. …
Du scheinst zu erwachen, und der Traum ist nicht mehr da.
Doch was du nicht begreifst, ist, dass das,
was den Traum verursacht hat, nicht mit ihm vergangen ist.
Dein Wunsch, eine andere Welt zu machen,
die nicht wirklich ist, bleibt bei dir.
Und das, wozu du zu erwachen scheinst,
ist nur eine andere Form derselben Welt,
die du im Traum siehst.
Du verbringst deine gesamte Zeit mit Träumen.
Deine Schlaf- und deine Wachträume
haben verschiedene Formen, das ist alles.
Ihr Inhalt ist derselbe.“[i]

I.
DER TRAUM UND DIE
MENSCHLICHE PERSÖNLICHKEIT

Soweit wir in die Geschichte der Menschheit zurückschauen können, haben Träume immer eine Rolle gespielt. Der Traum war zumeist ein magisches oder spirituelles Ereignis, er offenbarte die Zukunft oder vermittelte Botschaften höherer Wesen an die Menschen. Eine rein psychologische Interpretation gab es nicht. Der Traum war ein Mysterium, das eine sehr große Bedeutung besaß. Im Buch Hiob finden wir einen Hinweis auf die ursprüngliche Interpretation von Träumen als spirituelle Nachrichten Gottes:

„Denn auf eine Weise redet Gott und auf eine zweite; nur beachtet man's nicht. Im Traum, im Nachtgesicht, wenn der Schlaf auf die Menschen fällt, wenn sie schlafen auf dem Bett, da öffnet er das Ohr der Menschen und schreckt sie auf und warnt sie, damit er den Menschen von seinem Vorhaben abwende und von ihm die Hoffart tilge und bewahre seine Seele vor dem Verderben und sein Leben vor des Todes Geschoss.[1]

Große Führer ließen in früheren Zeiten ihre Entscheidungen von Träumen beeinflussen. Uns sind solche alten Dokumente zum Beispiel in der Bibel zugänglich überliefert. Im Buch Daniel ist uns der Traum des Herrschers Nebukadnezar überliefert, der so beunruhigt und zugleich verwirrt über seinen eigenen Traum war, dass er alle Weisen, Zeichendeuter,

---

[1] Die Bibel: Das Buch Hiob 33, 14-18

14

Wahrsager und Zauberer zu sich berief, um den Traum deuten zulassen.[2]

Vom Frankenkönig Chlodwig (466-511) wird die Sage überliefert, dass er im Traum vor einer großen Schlacht das christliche Kreuz sah und es daraufhin auf die Schilde seiner Soldaten malen ließ. Nachdem er die Schlacht gewann (und unter Einfluss seiner christlichen Frau), ließ er sich taufen und trat zum Christentum über.

Die menschliche Geschichte ist voller solcher und ähnlicher Traumerlebnisse. Zu allen Zeiten deuteten die Menschen Träume und hielten sie für bedeutsame, wenn auch schwer zu entschlüsselnde Mitteilungen aus einer anderen Dimension.

Immer war der Traum eingebettet in eine Interpretation der Welt als Ganzem. Traumdeutung war und ist abhängig vom jeweiligen Weltbild der Menschen und des Träumers. Das gilt natürlich auch heute.

In der modernen Traumdeutung ist es besonders das Menschenbild, also die zugrunde liegende Idee der menschlichen Persönlichkeit, die auch die Interpretation der Träume wesentlich beeinflusst.

---

[2] Die Bibel: Das Buch Daniel, Kapitel 2

Traumdeutung als Wissenschaft

Wir leben in einer Zeit eines sehr begrenzten Weltbildes. Die modernen Menschen der westlichen Zivilisation haben sich angewöhnt, nur das für wahr und real zu halten, was den engen Bedingungen des naturwissenschaftlichen Weltbildes entspricht. Die Axiome der Naturwissenschaft sind zur allgemeinen Grundlage des alltäglichen Weltempfindens geworden. Alle Bereiche der Wirklichkeit, die mit den Bedingungen des naturwissenschaftlichen Weltbildes nicht zu erklären sind, haben einen schweren Stand. Das betrifft ganz besonders die Sicht und Wahrnehmung des Menschen auf sich selbst. Gefühle und Bereiche der menschlichen Persönlichkeit, die sich dem direkten Zugriff der Naturwissenschaften entziehen, haben es heute sehr schwer, als wahr und real angesehen zu werden. Dazu gehört auch der Begriff der Seele. Unsere Wissenschaft der Psychologie erinnert noch an die alten Wurzeln: PSYCHE heißt auf Griechisch: Seele. Doch während es für frühere Generationen selbstverständlich war, eine menschliche Seele anzunehmen und zu empfinden, ist das für moderne Menschen eher schwer. Seit dem Ausgang des Mittelalters und der sogenannten Neuzeit wird der Mensch zunehmend als physikalisch-chemischer Zusammenhang interpretiert. Bisher hat die Naturwissenschaft noch keine Seele identifizieren, messen oder wägen können. Also existiert sie nicht.

So ist es kein Wunder, dass der Traum in der westlichen Zivilisation dramatisch an Bedeutung verlor. Träume galten sehr lange als Schäume – und den meisten modernen Zeitgenossen gelten sie noch heute als solche. Es war das große Verdienst von Sigmund Freud, den Traum wieder in das moderne, auch wissenschaftliche Bewusstsein gehoben zu haben.

Sigmund Freuds Traumdeutung

Sigmund Freud (1856-1939) war der große Pionier der Traumdeutung. Indem er seine ganze psychologische Arbeit auf den Traum als dem wesentlichen Fundament gründete, revolutionierte er die Traumdeutung und die gesamte Psychologie. Für uns Heutigen ist das Revolutionäre von Freuds Ansatz, gerade in Bezug auf den Traum, vielleicht nicht mehr wirklich nachvollziehbar. Das Wilhelminische Zeitalter war nicht nur blind wissenschaftsgläubig und positivistisch, sondern auch zutiefst spießbürgerlich-moralisch geprägt. Um einen flüchtigen Eindruck des damaligen geistigen Klimas zu bekommen, möchte ich einen engen Freund von Sigmund Freud zitieren, den Musikwissenschaftler Max Graf, der rückblickend über die Reaktion der Wiener Gesellschaft um 1900 auf Freud schrieb:

„Wenn man in jenen Tagen Freuds Namen in einer Versammlung von Wienern erwähnte, begann jeder zu lachen, als hätte man einen Witz gemacht. Freud war der komische Kerl, der ein Buch über Träume geschrieben hatte und sich für einen Traumdeuter hielt. Es galt als geschmacklos, Freuds Namen in Gegenwart von Damen zu nennen. Sie erröteten, wenn sein Name erwähnt wurde."[3]

Die Auseinandersetzung mit Träumen galt als unwissenschaftliche Spinnerei. Freud hatte gesellschaftlich und erst recht wissenschaftlich einen sehr schweren Stand.
Dennoch waren seine Thesen und Erkenntnisse bahnbrechend.
Als erster moderner Psychologie führte er den Begriff und die

---

[3] Max Graf, Reminiscences of Professor Sigmund Freud /1942), zitiert nach: Freud, Essays III, 531

Wirklichkeit des *Unbewussten* in die Wissenschaft ein. Der Traum war für Freud dabei der entscheidende Zugang zum verdrängten seelischen Material des Menschen. Das war revolutionär. Denn der Begriff und die Wirklichkeit des Unbewussten waren umstritten. Freud bestand darauf, dass der Traum keine sinnlose Zusammenreihung von Bildern sei, sondern einem Sinn folge, den wir nach allgemeinen Richtlinien entschlüsseln können. Zugunsten der Traumdeutung verwarf Freud die Methode der Hypnose, die er von seinem Lehrer anfangs übernommen hatte. Freud erforschte die Sprache der Bilder, Symbole und Geschichten, die uns die Träume erzählen. Er suchte die Strukturen, Botschaften und Bedeutungen der Träume nach allgemeingültigen Prinzipien zu entschlüsseln. Schließlich kam Freud zu der Überzeugung, dass der Traum in erster Linie und seinem Wesen nach unbewusste Wunscherfüllung sei.[4]

Freud bezog sich in seinem Bild des Menschen und der psychischen Störungen vor allem auf verdrängte Triebe. Der Sexualtrieb spielte für Freud dabei eine besonders ausgeprägte Rolle. Später wurde diese Überbewertung des Sexualtriebes bei Freud stark kritisiert. Doch angesichts der Zeit, in der Freud lebte, und seiner Patienten, die zumeist aus der bürgerlichen Oberschicht kamen, ist diese Sicht der Probleme verständlich. Freud fand im seelischen Material seiner damaligen Patienten eine Menge verdrängter sexueller Triebe. Wenn wir uns vor Augen halten, wie moralisch und spießbürgerlich die höhere Gesellschaft in den ersten drei Jahrzehnten des 20. Jahrhunderts war, dann überrascht es nicht, dass Freud mit seiner schonungslosen und oft tabulosen Offenlegung der unbewussten, verdrängten menschliche Triebe schockieren musste.

---

[4] „Der Traum ist die (verkleidete) Erfüllung eines (unterdrückten, verdrängten) Wunsches." Traumdeutung, 111

Freud war ausgesprochen mutig für seine Zeit. Um seine Patienten zu schützen, benutzte er hauptsächlich eigenes Traummaterial, um seine durchbrechenden Erkenntnisse in seinem Traumbuch zu veranschaulichen. Die dabei zu Tage tretenden Details seines sehr privaten Seelenlebens waren ihm nicht zu peinlich, um seine Erkenntnisse daran zu verifizieren.

Das Revolutionäre an Freuds Traumdeutung war nicht nur die Zentralstellung der verdrängten Sexualität – was für die damalige Gesellschaft skandalös war -, sondern auch und vor allem der Gedanke, dass jeder Traum einen Sinn verfolgt, eine deutbare Botschaft enthält und damit ernst zu nehmen ist. Die vielen von Freud angeführten Beispiele und seine therapeutischen Erfolge belegten diesen Umstand.

Ausgehend von der Überzeugung, dass alle Träume im Wesen Wunscherfüllungen sind, teilte Freud diese in drei Klassen ein:

*„Erstens solche, die einen **unverdrängten** Wunsch **unverhüllt** darstellen; dies sind die Träume vom infantilen Typus, die beim Erwachsenen immer seltener werden. Zweitens die Träume, die einen **verdrängten** Wunsch **verhüllt** zum Ausdruck bringen; wohl die übergroße Mehrzahl aller unserer Träume, die zum Verständnis dann der Analyse bedürfen. Drittens die Träume, die zwar einen **verdrängten** Wunsch darstellen, aber **ohne** oder in ungenügender Verhüllung. Diese letzten Träume sind regelmäßig von Angst begleitet, welche den Traum unterbricht. Die Angst ist hier der Ersatz für die Traumentstellung; sie ist nur in den Träumen der zweiten Klasse durch die Traumarbeit erspart worden. Es lässt sich ohne allzu große Schwierigkeiten nachweisen, dass derjenige Vorstellungsinhalt, der uns jetzt im Traum Angst bereitet, einstmals ein Wunsch war und seither der Verdrängung unterlegen ist.“*[5]

---

[5] „Über den Traum" (1901), zitiert nach: Sigmund Freud: Essays I. S. 96

Auch wenn uns heute die Einschränkung des Wesens der Träume auf Wunscherfüllungen vielleicht zu eng erscheinen mag, so war doch Freud der erste moderne Psychologe, der mit einem wissenschaftlichen Anspruch auf die Träume hörte, ihnen zuhörte und in ihnen eine eigene Sprache entdeckte. Freud war davon überzeugt, dass die Einsichten in das Wesen des Traumes und der Funktionsweise des Unbewussten dazu befähigen, die Sprache des Traumes zu entschlüsseln.

Dabei fand Freud den entscheidenden Schlüssel zur Interpretation der Träume nicht nur beim Psychologen und seinem Fachwissen, sondern ebenso beim Patienten und dessen spontanen Assoziationen. Die Kunst der Traumdeutung bestand für Freund im Wesentlichen darin, die psychologischen Erkenntnisse mit dem unbewussten Wissen des Patienten zusammen zu bringen. Die Einfälle und Assoziationen des Patienten waren für Freud unbedingt notwendig, um den verborgenen Sinn eines Traumes zu entschlüsseln. Der Psychologe war jetzt ein Unterstützer und Förderer des Patienten geworden. Letzterer aber bahnte sich nun selbst den Weg, indem er die wichtigsten Einfälle und Assoziationen lieferte, die schließlich mit Hilfe des Therapeuten zu einem sinnvollen Ganzen zusammengesetzt wurden.

Freuds Bild der menschlichen Persönlichkeit ist untrennbar mit seiner Traumdeutung verbunden. Seine Interpretation seelischer Zusammenhänge liegt im Wesentlichen bis heute allen modernen psychologischen Systemen, wenn auch mit einigen Änderungen, zugrunde. Der Zusammenhang von Traumdeutung und Menschenbild ist mir sehr wichtig. Denn wir können nur das herausdeuten, was wir vorher irgendwie hineingelegt haben. Das Bild des Menschen steckt den Rahmen ab, in welchem der Traum überhaupt zu uns sprechen kann. Wir selbst, die forschenden Menschen, setzen die Bedingungen fest, unter den der Traum zu uns sprechen kann – und letztlich die Wirklichkeit in jeder ihrer Formen. Deshalb möchte ich im Folgenden kurz Freuds Sicht der menschlichen Persönlichkeit skizzieren, ohne Anspruch auf Vollständigkeit zu erheben.

In Freuds Bild der menschlichen Persönlichkeit stehen sich das mächtige Unbewusste und das seinem Wesen nach schwächere und fragile Bewusstsein gegenüber. Das Unbewusste ist vor allem durch Triebe und triebhafte Wünsche gekennzeichnet, wobei bei Freud der Sexualtrieb eine besondere Bedeutung erfährt. Freud benutzt für die Beschreibung des Unbewussten auch den Begriff des Es. Dieses Es *„ist der dunkle, unzugängliche Teil unserer Persönlichkeit;... Wir nähern uns dem Es mit Vergleichen, nennen es ein Chaos, einen Kessel voll brodelnder Erregungen.“*[6] Das Es können wir uns vorstellen wie einen natürlichen Urzustand, den wir mit den Säugetieren gemeinsam haben. Wild, triebhaft, jenseits von Kultur und Zivilisation.

Dem Es gegenüber steht das Ich, das sowohl die Beziehung zur Außenwelt regelt und damit der eigentliche Kulturträger ist, zugleich aber auch die Beziehung zum Es, zu den dunklen und starken Trieben, vermitteln muss. Freud unterscheidet das Ich in ein bewusstes und ein vorbewusstes. Das, was wir

---

[6] Freud: Vorlesung: Die Zerlegung der psychischen Persönlichkeit. 1932, Essays III, 350 ff. Über das Es schreibt Freud weiter a.a.O. weiter :"Von den Trieben her erfüllt es sich mit Energie, aber es hat keine Organisation, bringt keinen Gesamtwillen auf, nur das Bestreben, den Triebbedürfnissen unter Einhaltung des Lustprinzips Befriedigung zu schaffen. Für die Vorgänge im Es gelten die logischen Denkgesetzte nicht, vor allem nicht der Satz des Widerspruchs. Gegensätzliche Regungen bestehen nebeneinander, ohne einander aufzuheben oder sich voneinander abzuziehen... Im Es findet sich nichts, was der Zeitvorstellung entspricht.... Selbstverständlich kennt das Es keine Wertungen, kein Gut und Böse, keine Moral.“

erfahrungsgemäß unser Bewusstsein nennen ist nach Freud der Teil des Ich, das der Außenwelt zugewandt ist und gleichsam die äußeren Wahrnehmungen nach innen vermittelt. Da Freud im Es die entscheidende und ursprüngliche Macht im Menschen sieht, entwickelt sich das Ich gleichsam aus dem Es heraus als dessen äußerste Schicht und zugleich als Vermittlung zur Außenwelt:

Das bewusste Ich ist jener Teil des Es, *„der durch die Nähe und den Einfluss der Außenwelt modifiziert wurde, zur Reizaufnahme und zum Reizschutz eingerichtet, vergleichbar der Rindenschicht, mit der sich ein Klümpchen lebender Substanz umgibt. Die Beziehung zur Außenwelt ist für das Ich entscheidend geworden, es hat die Aufgabe übernommen, sie bei dem Es zu vertreten, zum Heil des Es, das ohne Rücksicht auf diese übergewaltige Außenmacht im blinden Streben nach Triebbefriedigung der Vernichtung nicht entgegen würde."*[7]

Das Ich setzt dem Es, das nach dem Lustprinzip funktioniert, das Realitätsprinzip entgegen. So gerät das Ich zwar in den Gegensatz zum Es, ermöglicht aber zugleich die Existenz. Um es in einem einfachen Bild zu sagen: Wenn wir Menschen ungehindert, wie Tiere, unserem blinden, chaotischen, ursprünglichen Trieben folgen würden, wäre unsere Existenz nicht von langer Dauer. Indem wir die Bedingungen der Realität im Ich anerkennen, schaffen wir uns auch die Bedingungen, weiter zu existieren. Das Ich vertritt demnach Vernunft, Besonnenheit und gleichsam die Selbststeuerung des Erwachsenen, während das Es die ungezähmten Leidenschaften, Triebe und Wünsche vertritt. Zwischen Ich und Es geschieht die Verdrängung. Die aus dem unbewussten Es andrängenden Triebe und Wünsche werden vom Ich

---

[7] Freud, a.a.O. 352 f.

zurückgedrängt, wie ebenso Inhalte des Ich in das Es verdrängt werden können. Um den Mechanismus der Verdrängung besser verstehen zu können, führt Freud eine weitere psychische Instanz ein. Freud geht dabei vor allem vom Phänomen des Gewissens aus. Es gibt in unserem Ich die Fähigkeit, sich selbst in einem moralischen Sinne noch einmal gegenüberzustehen, gleichsam der eigene Richter zu sein. Freud nennt diese innere, durchaus bewusstseinsfähige Instanz das Über-Ich. Das Gewissen ist eine der wichtigsten Funktionen dieses Über-Ichs, das eine gewisse Selbständigkeit und eine eigene Energie besitzt. Im Wesentlichen entsteht das Über-Ich aus den Bedingungen der Liebe der Eltern. Jedes Kind lernt sehr früh, auf welches von den Eltern gewünschte Verhalten Liebeszuwendung folgt und welches Verhalten Strafen, Kritik und Liebesentzug nach sich zieht. Etwas einfach ausgedrückt: Das Über-Ich sind die verinnerlichten Eltern, vor allem deren Werte, Wertungen und moralischen Maßstäbe. *„Das Über-Ich scheint in einseitiger Auswahl nur die Härte und Strenge der Eltern, ihre verbietenden und strafenden Funktionen aufgegriffen zu haben, während deren liebevolle Fürsorge keine Aufnahme und Fortsetzung findet.“*[8]

Das Ich hat nun die sehr anspruchsvolle Funktion zwischen den drei Instanzen - dem triebhaften und mächtigen Es, dem kritischen und moralischen Über-Ich und der Außenwelt - zu vermitteln. *„So vom Es getrieben, vom Über-Ich eingeengt, von der Realität zurückgestoßen, ringt das Ich um die Bewältigung seiner ökonomischen Aufgabe, die Harmonie unter den Kräften und Einflüssen herzustellen...“*[9]

---

[8] Freud, a.a.O. 338
[9] a.a.O. 356

23

In Freuds komplexer Sicht der menschlichen Persönlichkeit sind Ich und Über- Ich bewusst nicht identisch. Vielmehr sind sowohl Ich als auch Über-Ich in weiten Teilen selbst unbewusst. Die Grenzen sind fließend. Diesen fließenden, dynamischen Teil, in welchem die Begegnung zwischen den unbewussten und bewussten Inhalten und Instanzen der Persönlichkeit stattfindet, nennt Freud das System Vorbewusstsein. Das Über-Ich ist vor allem vorbewusst, d.h. es ist bewusstseinsfähig. Ein Mensch kann sich diese von den Eltern übernommenen Inhalte durchaus bewusst machen, wenn auch mit einiger Anstrengung. Ebenso ist nur ein kleiner Teil unseres Ich ganz bewusst, der größere Teil ist vorbewusst und steht im Kontakt mit dem unbewussten Es. Die unten abgebildete Skizze ist von Freud selbst und stellt sein System dar:[10]

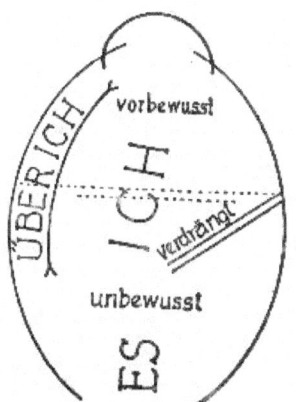

[10] Die Skizze ist entnommen aus S. Freud: „Die Zerlegung der psychischen Persönlichkeit" (1932), in: Essays III. S. 356

In diesem komplexen und dynamischen System von Ich – Über-Ich und Es vollzieht sich nach Freud das Leben in unserer menschlichen Seele. Der Traum war dabei für Freud der entscheidende Zugang für seine Theoriebildung. Denn erst die intensive Arbeit mit Träumen offenbarte Freud die Zensur, die zwischen dem Unbewussten und dem Bewusstsein geschieht. Die Probleme und Wünsche werden ins Unbewusste verdrängt und versuchen, im Traum wieder die Aufmerksamkeit des Bewusstseins zu erheischen. Der eigentliche Motor der Verdrängung ist für Freud das Über-Ich. Damit nun die unbewussten Wünsche doch in das Licht des Bewusstseins steigen dürfen, werden sie in der Traumarbeit verstellt, entstellt, verschlüsselt. Die Verstellung durch anderweitige Bilder und Symbole, versuchen die wirkliche Absicht des unbewussten Wunsches zu verbergen. Auf diese Weise kann der verschlüsselte Wunsch nun die Zensur passieren und als Traumbild ins Ich aufsteigen.

Sigmund Freud war der Pionier und Vater der modernen Traumdeutung. Er hat den Mut aufgebracht, in einer Zeit des Materialismus den Traum als Urphänomen und Zugang zur menschlichen Psyche neu zu entdecken.

Carl Gustav Jungs Ansatz der Traumdeutung

Carl Gustav Jung (1875 – 1961) gehört, wie Freud, zu den
Vätern der modernen Traumdeutung. Während Freud eher dem
Typ des nüchternen, strengen, rational-logischen Forschers
entsprach, war Jung stärker ein intuitiv-mystischer, oder wie
wir heute sagen würden: ein ganzheitlich denkender und
fühlender Mensch. Jung war von Freuds „Traumdeutung"
begeistert und wurde ein Anhänger der Psychoanalyse. Im Jahr
1907 trafen sich beide zum ersten Mal persönlich. Jung hat
diese Begegnung wie folgt beschrieben:

*„Freud war der erste wirklich bedeutende Mann, dem ich
begegnete. Kein anderer Mensch in meiner damaligen
Erfahrung konnte sich mit ihm messen. In seiner Einstellung
gab es nichts Triviales. Ich fand ihn außerordentlich
intelligent, scharfsinnig und in jeder Beziehung
bemerkenswert. Und doch blieben meine ersten Eindrücke von
ihm unklar, zum Teil auch unverstanden...*
*Ich konnte seinen sogenannten Wissenschaftspositivismus nicht
schlucken, seine rationale Anschauung von der Psyche und
seinen materialistischen Standpunkt... Vor allem schien mir
Freuds Einstellung zum Geist in hohem Maße fragwürdig. Wo
immer bei einem Menschen oder in einem Kunstwerk der
Ausdruck der Geistigkeit zutage trat, verdächtigte er sie und
ließ ‚verdrängte Sexualität' durchblicken...* "[11]

Dieses Zitat sagt bereits sehr viel über die Unterschiedlichkeit
der beiden Männer aus. Jung fühlte sich von Freud stets von
oben herab behandelt. Er rebellierte gegen Freud wie ein Sohn
in der Pubertät gegen den Vater. So kam es im Januar 1913

---

[11] Zitiert nach: Freud, Essays III, 536

zum vollständigen Bruch zwischen beiden großen Psychologen. Anlass war ein Brief vom Dezember 1912, in welchem Jung an Freud unter anderem folgendes schrieb:

„Ich möchte Sie aber darauf aufmerksam machen, dass Ihre Technik, Ihre Schüler wie Ihre Patienten zu behandeln, ein Missgriff ist. Damit erzeugen Sie sklavische Söhne und freche Schlingel...Ich bin objektiv genug, um Ihren Truc (Trick) zu durchschauen. Sie weisen rund um sich herum alle Symptomhandlungen nach, damit setzen Sie die ganze Umgebung auf das Niveau des Sohnes und der Tochter herunter, die mit Erröten die Existenz fehlerhafter Tendenzen zugeben. Unterdessen bleiben Sie immer schön oben als Vater. Vor lauter Untertänigkeit kommt keiner dazu, den Propheten am Barte zu zupfen und sich einmal zu erkundigen, was Sie denn zu einem Patienten sagen, welcher die Tendenz hat, den Analytiker zu analysieren anstatt sich selber? Sie fragen ihn doch: ‚Wer hat denn eigentlich die Neurose?‘...“[12]

Nach dieser schroffen und offenen Kritik war der Bruch besiegelt. Jung ging nun eigene Wege, die sich vor allem in der Erweiterung des Bildes vom Menschen und seinen seelischen Prozessen niederschlug. Jungs stärkste Kritik gegenüber Freud war und blieb seine Geistfeindlichkeit. Jung selbst war ein durch und durch vergeistigter Mensch, und nicht nur ein Intellektueller, so dass er das geistige Moment in die Sicht und Interpretation des Menschen einbrachte.
Während Freud im Grunde seines Herzens eine große Angst vor dem Es, dem Unbewussten und seiner Triebe hatte und seine Analyse letztlich der Beherrschung und Kontrolle des

---

[12] zitiert nach: a.a.O. 536 f.

Unbewusstes diente[13], um damit dem Ich Sicherheit zu verschaffen, so zielte Jungs psychologische Arbeit auf so etwas wie Versöhnung. Jung hatte ein positiveres Bild vom Unbewussten des Menschen. Für Jung ist es *„eine Tatsache, dass zusätzlich zu Erinnerungen aus weit entfernter bewusster Vergangenheit gänzlich neue Gedanken und schöpferische Ideen aus dem Unbewussten hervorkommen können – Gedanken und Ideen, die nie zuvor bewusst gewesen sind. Sie wachsen aus den dunklen Tiefen des Geistes wie Lotosblumen und bilden einen äußerst wichtigen Bestandteil der unbewussten Psyche.“*[14]

Die Abgründe der menschlichen Seele waren für Jung nicht so destruktiv wie für Freud. Für Jung waren Natur und Kultur keine Gegner, sondern Partner und Ergänzungen. Freud war tief im Herzen ein Aufklärer, der den Menschen (das Ich) im Kampf gegen die bedrohliche Natur sah.[15] Jung dagegen sah

---

[13] „ Es scheint vielmehr, dass sich jede Kultur auf Zwang und Triebverzicht aufbauen muss; es scheint nicht einmal gesichert, dass beim Aufhören des Zwanges die Mehrzahl der menschlichen Individuen bereit sein wird, die Arbeitsleistung auf sich zu nehmen, deren es zur Gewinnung der Lebensgüter bedarf. Man hat, meine ich, mit der Tatsache zu rechnen, dass bei allen Menschen destruktive, also antisoziale und antikulturelle Tendenzen vorhanden sind und dass diese bei einer großen Anzahl von Personen stark genug sind, um ihr Verhalten in der menschlichen Gesellschaft zu bestimmen." Freud, Die Zukunft einer Illusion. 1927, Essays III,240
[14] C. G. Jung: Der Mensch und seine Symbole, 37
[15] „Aber kein Mensch gibt sich der Täuschung hin zu glauben, dass die Natur jetzt schon bezwungen ist; wenige wagen zu hoffen, dass sie einmal dem Menschen ganz unterworfen sein wird. ... Mit diesen Gewalten steht die Natur wider uns auf, großartig, grausam, unerbittlich, rückt uns wieder unsere Schwäche und Hilflosigkeit vor Augen, der wir uns durch die Kulturarbeit zu entziehen gedachten." Freud: Die Zukunft einer Illusion, Essays III,249

28

den Menschen als Teil der Natur, nicht als deren Gegner.[16] Während für Freud die Divise galt: Aus Es werde Ich, dass heißt: größtmögliche Bewusstmachung unbewusster Triebinhalte. So galt für Jung eher die Divise: Heilung durch Annahme und Versöhnung, wobei auch bei ihm die Bewusstmachung die wichtigste Voraussetzung der Annahme war. Jung schreibt:

„Man kann nichts ändern, das man nicht annimmt." [17] So entwickelt Jung nicht nur Wissen, sondern auch Weisheit. *„Wer mit Hilfe der modernen Psychologie nicht nur hinter die Kulissen seiner Patienten, sondern vor allem hinter seine eigenen geblickt hat ..., der muss gestehen, dass es das Allerschwierigste, ja das Unmögliche ist, sich selber in seinem erbärmlichen So-sein anzunehmen. Schon der bloße Gedanke daran, kann einen in Angstschweiß versetzen, deshalb zieht man mit Vergnügen und ohne Zögern das Komplizierte vor, nämlich das Nichtwissen um sich selbst und die geschäftige Bekümmerung um andere und anderer Schwierigkeiten und Sünden."[18]*

Anhand der Traumarbeit, deren maßgebliche Bedeutung er von Freud übernommen hatte, gelangte Jung zu anderen Ergebnissen und zu einem anderen Bild der menschlichen Persönlichkeit. Während Freud die Symbole des Traumes vor allem unter dem Aspekt der Zensurarbeit und Verdrängung thematisierte, gab Jung den Symbolen eine Art eigene Realität.

---

[16] „Unsere Psyche ist ein Teil der Natur und ebenso unbegrenzt wie diese. Wir können also weder die Psyche noch die Natur definieren, sondern nur so gut es geht beschreiben, auf welche Weise wir sie erleben." C. G. Jung: Der Mensch und seine Symbole, 23

[17] C. G. Jung: Die Beziehungen der Psychotherapie zur Seelsorge. 1932, 25

[18] a.a.O. 26

Indem Jung den Symbolen der Menschen in Traum und Wachleben folgte, kam er zu der Erkenntnis, dass diese nicht nur das Ergebnis von verdrängten Wünschen waren, sondern viel tiefere und allgemeinere Bedeutungen besitzen. Die wichtigsten Theorien, die Jung in die Sicht des Menschen und des Traumes einbrachte, waren die vom kollektiven Unbewussten und von den Archetypen.

Das kollektive Unbewusste

Jung stimmte mit Freud darin überein, dass es ein individuelles Unbewusstes gibt, deren dynamische Triebinhalte Freud mit Es gekennzeichnet hatte. Doch darüber hinaus nahm Jung ein Unbewusstes an, das weit über den Einzelnen hinaus geht und tiefer reicht als die individuelle Existenz. Je tiefer wir in das Unbewusste eindringen, desto mehr verliert es die Eigenschaften des Individuellen und zeigt mehr und mehr – vor allem anhand der Symbole – Inhalte kollektiven Charakters. „*Das sind mythologische Zusammenhänge, die Motive und Bilder, die jederzeit und überall ohne historische Tradition oder Migration neu entstehen können. Diese Inhalte bezeichne ich als k o l l e k t i v   u n b e w u ß t.*"[19] Jung meint damit, dass wir nicht alle Inhalte, vor allem nicht alle Symbole und Bilder, selbst in unserer individuellen Seele erschaffen. Es gibt tief im Menschlichen verborgen einen gemeinsamen Schatz von Inhalten, von Wissen, von Bildern, Symbolen und Zusammenhängen, die allen menschlichen Wesen gemeinsam sind. Jung kam zu dieser wichtigen Theorie vor allem durch kulturvergleichende Analysen von Mythen, Märchen, Sagen und Symbolen. Das Unbewusste ist für Jung also nicht nur das dunkle Es, dem sich das Bewusstsein kulturschaffend entgegenstellen muss. Aus den tiefen des kollektiven

---

[19] C. G. Jung: Psychologische Typen. 1921, 656

Unbewussten wächst uns auch Wissen zu, alte Erfahrungen, Weisheit und möglicher Weise neue Ideen und Einsichten. Je tiefer wir in das Unbewusste hinabsteigen, desto weiter und kollektiver werden die psychischen Inhalte. Jede Kultur – wie z.B. Europa oder die arabische oder indianische Kultur – hat auf der Ebene des kollektiven Unbewussten eigene Inhalte, die durch spezifische Symbole ausgedrückt werden. Das christliche Kreuz wäre ein typisches Beispiel für ein kollektives Symbol des Abendlandes. In einer noch tieferen Schicht haben alle Menschen dieselben Inhalte, egal in welcher Kultur sie leben. Das drückt sich in Symbolen, Bildern und Mythen aus, die wir in allen Kulturen und in allen Zeiten der Menschheitsgeschichte finden.

Eng verbunden mit der Annahme eines kollektiven Unbewussten steht Jungs Theorie von den Archetypen.

Die Archetypen

Aus der Arbeit mit Träumen kam Jung zu der Überzeugung, dass tief im kollektiven Unbewussten angeborene Tendenzen vorhanden sind, die immer wieder ähnliche mythologische Bilder und Symbole hervorbringen. Er denkt dabei an eine Art Grundstruktur oder Urprägung der Seele, die zwar ganz unterschiedliche Erscheinungen hervorbringt, jedoch auf dieselben Strukturelemente zurückzuführen sind.[20] Wir können

---

[20] „Ich begegne immer wieder dem Missverständnis, dass die Archetypen inhaltlich bestimmt, das heißt eine Art unbewusster „Vorstellungen" seien. Es muss deshalb nochmals hervorgehoben werden, dass die Archetypen nicht inhaltlich, sondern bloß formal bestimmt sind, und letzteres nur in sehr bedingter Weise. Inhaltlich bestimmt ist ein Urbild nachweisbar nur, wenn es bewusst und daher mit dem Material bewusster Erfahrung ausgefüllt ist. Seine Form dagegen ist ... etwa dem Achsensystem des Kristalls zu vergleichen, welches die Kristallbildung in der Mutterlauge

uns das am Beispiel des bewussten Denkens und Wahrnehmens veranschaulichen. Der Philosoph Immanuel Kant hatte den menschlichen Verstand als durch feste Kategorien geprägt erkannt. Wir Menschen müssen immer in Raum und Zeit denken und wahrnehmen, ebenso müssen wir automatisch zu unserem Denken immer die Kategorie der Kausalität hinzufügen. Dass jedes Geschehen eine Ursache hat, ist keine subjektive These irgendeines Menschen, sondern muss von jedem Mensch notwendig mit jedem Denkakt hinzugedacht werden. So wie Kant die Kategorien (z.B. Raum, Zeit, Kausalität) als reine, formelle Bedingungen jeder menschlichen Wahrnehmung dachte, ganz unabhängig davon, was nun genau wahrgenommen oder gedacht wurde (ein Baum, ein Mensch etc.), so denkt sich Jung die Archetypen als reine, ursprüngliche Formen der seelischen Bilder- und Symbolbildung. Als Beispiel mögen hier die Wirklichkeiten wie Geburt, Tod, Mutterschaft, Vaterschaft, Partnerschaft etc. dienen. Diese Wirklichkeiten sind nichts, was wir erst durch unser Bewusstsein erlernen, sondern als formale Kategorie des Lebens bereits in unserem Unbewussten mitbringen. Archetypen sind sozusagen tiefste innere Prägungen oder Programme, die die Grundstruktur des Lebens vorgeben, unsere Art zu Fühlen, zu Denken und zu Handeln. Die Bilder und Symbole, die ein Archetypus hervorbringt, können sehr unterschiedlich sein. Doch alle nur möglichen Bilder gehen auf diesen Archetypus zurück. Der Mutterarchetypus bringt zum Beispiel ganz unterschiedliche Bilder und Symbole hervor, die

---

gewissermaßen präformiert, ohne selber eine stoffliche Existenz zu besitzen. ...Der Archetypus ist ein an sich leeres, formales Element, das nichts anderes ist als ... eine a priori gegebene Möglichkeit der Vorstellungsform. Vererbt werden nicht die Vorstellungen, sondern die Formen, welche in dieser Hinsicht genau den ebenfalls formal bestimmten Instinkten entsprechen." C. G. Jung: Die psychologischen Aspekte des Mutterarchetypus (1938), in: Archetypen. 79

sich vielleicht von Kultur zu Kultur unterscheiden, wie die Kuh hier und dort das große Mahl, das uns sättigt oder ein Bach fließender Milch. Alle diese unterschiedlichen Bilder entstammen einer gemeinsamen kollektiven Quelle: dem Archetypus der Mutter. Mutter, Vater, Geburt, Tod und ähnliche Grundlagen des menschlichen Lebens sind Vorprägungen der kollektiven Seele. Wir erlernen das nicht, sondern bringen dieses „Wissen" in Form der Archetypen mit. Ja, wir müssen das Leben gemäß dieser inneren Vorgaben fühlen, empfinden, denken und wahrnehmen. Archetypen haben für Jung objektive Realität, sie liegen hinter jeder subjektiven Beliebigkeit als Kategorien unserer Seele.

Die Symbole

Für Jung spielten die Symbole eine überragende Rolle. Der Traum war für ihn dabei der lebendige Beweis für die symbolbildende Fähigkeit des Menschen. Jung erkannte im Symbol etwas Mystisches, Großes, das längst nicht darin aufgeht, ein Zeichen zu sein. *„Das, was wir Symbol nennen, ist ein Ausdruck, ein Name oder auch ein Bild, das uns im täglichen Leben vertraut sein kann, das aber zusätzlich zu seinem konventionellen Sinn noch besondere Nebenbedeutungen hat. Es enthält etwas Unbestimmtes, Unbekanntes oder für uns Unsichtbares."*[21] Auch hier unterscheidet Jung zwischen individuellen Symbolen, die jedes menschliche Individuum erschaffen kann, und kollektiven Symbolen, die einer ganzen großen Gruppe von Menschen zueigen sind oder gar der ganzen Menschheit. Ein Symbol zeichnet sich dadurch aus, das in ihm mehr zu Tage tritt, mehr anwesend ist, als bewusst wahrgenommen werden kann. Erst der Kontakt mit dem Unbewussten macht das Symbol zu einem

---

[21] C. G. Jung: Der Mensch und seine Symbole.20

solchen. Es ist sozusagen das Tor zum Unbewussten. Im Symbol ist das Geahnte, aber noch nicht bewusst Geahnte anwesend. So ist es in gewisser Weise eine Vermittlung zwischen Unbewusstem und Bewusstem, also ein „Zwischen":

„Das S. ist immer ein Gebilde höchst komplexer Natur, denn es setzt sich zusammen aus den Daten aller psychischen Funktionen. Es ist infolgedessen weder rationaler, noch irrationaler Natur. Es hat zwar eine Seite, die der Vernunft entgegenkommt, aber auch eine Seite, die der Vernunft unzugänglich ist, indem es nicht nur aus Daten rationaler Natur, sondern auch aus den irrationalen Daten der einen inneren und äußeren Wahrnehmung zusammengesetzt ist. Das Ahnungsreiche und Bedeutungsschwangere des Symbols spricht ebenso wohl das Denken wie das Fühlen an, und seine eigenartige Bildhaftigkeit, wenn zu sinnlicher Form gestaltet, erregt die Empfindung sowohl wie die Intuition."[22]

Jung fand im Symbol die ganze komplexe Verdichtung der seelischen Arbeit und das faszinierte ihn. Er gab dem Symbol eine erstrangige Bedeutung, die wir so bei keinem seiner Zeitgenossen finden.

In diesem Theoriefeld von individuellem und kollektivem Unbewussten, Archetypen und Symbolsprache der Seele vollzog sich Jungs Traumdeutung.

In der letzten von ihm selbst verfassten Schrift finden wir sehr weise Ratschläge zur Traumdeutung. Obwohl sich Jung so intensiv wie kein anderer mit Symbolen beschäftigte, rät er seinen Schülern:

---

[22] C. G. Jung: Psychologische Typen .647 f.

„Lernen Sie soviel wie möglich über Symbolik, aber vergessen Sie dann alles wieder, wenn Sie einen Traum analysieren."[23] Nach meinem Empfinden hat sich Jung in der Traumarbeit stärker auf den Traum selbst und seine individuelle Botschaft eingelassen. Bei Freud verspüre ich öfter den Versuch, die Traumsymbolik gemäß der eigenen Theorie, vor allem im Sinne einer sexuellen Interpretation, zu deuten.

Jung bemühte sich, mit nur zwei Prämissen dem Traum zu begegnen:

„erstens sollte der Traum als Tatsache betrachtet werden, über die man im voraus keine Vermutungen anstellen darf außer, dass hinter dieser Tatsache ein gewisser Sinn steht; und zweitens: ein Traum ist ein spezifischer Ausdruck des Unbewussten."[24]

Im Unterschied zu Freud ließ Jung seine Patienten nicht endlos frei assoziieren. Oft folgte Jung dem Traum und nicht dem Träumer, denn für ihn galt, *„ dass nur das Material, das ganz eindeutig Teil eines Traumes ist, für die Interpretation verwendet werden sollte. Der Traum zieht seine eigene Grenze. Seine besondere Form selbst entscheidet darüber, was zu ihm gehört und was von ihm wegführt."*[25] Jung glaubte an den Traum, er vertraute ihm, ja er verehrte ihn als das Geheimnis der menschlichen Seele. Während Freud eher versuchte, die unbewussten Inhalte der Seele ans grelle Licht des Bewusstseins zu bringen, bemühte sich Jung auch darum, selbst den Weg in die Tiefen des Unbewussten zu wagen. Wie die Goldmarie im Märchen von Frau Holle in den Brunnen ihres Unbewussten springen musste, so sprang Jung in

---

[23] Der Mensch und seine Symbole. 56
[24] a.a.O. 32
[25] a. a. O. 29

das kollektive Unbewusste. Ich möchte die kurze Darstellung des Jung'schen Ansatzes mit einem Zitat abschließen, dem ich mich voll und ganz anschließe:

„Übrigens wäre es töricht, an gebrauchsfertige systematische Anleitungen zur Traumdeutung zu glauben, als ob man einfach ein Nachschlagewerk kaufen und ein bestimmtes Symbol und seine Bedeutung heraussuchen könnte. Kein Traumsymbol kann von dem Menschen, der davon geträumt hat, abgetrennt werden; denn es gibt keine allgemeingültige Deutung für einen Traum."[26]

---

[26] a. a. O. 53

Die acht Instanzen der menschlichen Persönlichkeit

Freud und Jung waren unbestritten die größten Pioniere der modernen westlichen Traumdeutung. Doch auch sie haben, gemäß dem wissenschaftlichen Weltbild, den Traum in gewisser Weise eingeengt. Freud stärker als Jung, der sich mit der Idee des kollektiven Unbewussten und der Archetypen für ein großes Spektrum der Traumdeutung entschied. Beiden Männern – und damit der ganzen westeuropäischen Traumdeutung – ist gemeinsam, dass sie den Traum auf die Psyche beschränkten. Auch wenn beide das Ausmaß und die energetische Qualität der menschlichen Psyche unterschiedlich groß annahmen, so beschränkten sie den Traum auf die sogenannten wissenschaftlichen Faktoren. In Anbetracht der Tatsache, dass die Menschheit immer schon, soweit wir es übersehen können, Träume deutete, und zwar vornehmlich spirituell, magisch und mystisch, scheint eine derartige Reduktion des Traumes auf die Psyche des Menschen unangemessen. Allein dem modernen Zeitgeist, der die Wirklichkeit auf das Beweisbare im rein naturwissenschaftlichen Sinne beschränkt, scheint ein solcher Ansatz angemessen.

Ich gehe davon aus, dass die Dimension des Traumes bei weitem den Rahmen der menschlichen Psyche übersteigt. Ich verwerfe nicht die zig-tausend Jahre Menschheits- und Traumgeschichte als primitive Vorstufen der modernen Traumerkenntnis, sondern ich bemühe mich, alle magischen, mystischen und spirituellen Deutungen ernst zu nehmen und in ihnen Ausdrücke einer größeren Wirklichkeit zu finden. Ich halte es für eine schwerwiegende Arroganz zu glauben, dass wir Heutigen in Bezug auf den Traum schlauer und wissender seien als unsere Vorfahren. Unser rational-abstraktes Denken hat ohne Zweifel viele Fortschritte der Technik und der Lebenserleichterung mit sich gebracht, zugleich hat uns diese Denk- und Fühlart enorm von uns selbst entfremdet. Mir scheint es sinnvoller zu sein, die eigene abstrakte Rationalität anzuzweifeln als die viele tausend Jahre alte Überlieferung von Erfahrungen und Einsichten der Menschheit.

Mein eigener Weg der Traumdeutung begann bei Sigmund Freud, erweiterte sich zu den Einsichten von C. G. Jung und zeigte sich angesichts der tatsächlichen Erfahrungen mit den Menschen, mit mir selbst und vor allem mit den Träumen als immer noch zu klein und zu eng. Auffallend war für mich vor allem die vollkommene Vernachlässigung spiritueller Wirklichkeiten in der modernen Traumdeutung. Diese Dimension gehört nicht zum modernen wissenschaftlichen Weltbild und kommt deshalb auch nicht in den Theorien der Traumdeutung vor. Ein gigantischer Bereich menschlicher Existenz und der Wirklichkeit an sich ist damit verloren gegangen. Vor allem in Anbetracht der Tatsache, dass unsere Vorfahren in *allen* Kulturen den Traum in erster Linie und fast ausschließlich im weitesten Sinne spirituell erlebten und interpretierten. Träume waren und sind für andere Kulturen vor allem Begegnungen mit anderen Dimensionen, Geistreisen, Offenbarungen höherer Mächte, prophetische Informationen über die Zukunft und ähnliches. Wenn wir uns vor Augen halten, dass die traditionelle Trauminterpretation der letzten ca. 5 000 Jahre hauptsächlich diese Inhalte hatte, so erscheint es geradezu erbärmlich, wenn wir seit 100 Jahren den Traum auf das rein Psychische, auf verdrängte Triebe und Probleme, reduzieren.

Im Laufe meines Lebenslernens musste ich mich entscheiden, ob ich den Traum in mein Weltbild und in mein Bild des Menschen hineinzwängen will oder ob ich umgekehrt bereit bin, mich vom Traum eines größeren Bildes der Wirklichkeit belehren zu lassen. Ich entschied mich für das Letztere. Die Arbeit mit Träumen und die Begegnung mit der indianischen Kultur – ich bin adoptiertes Stammesmitglied der Assiniboine - Indianer in Montana/USA – haben mein Bild des Menschen und der Wirklichkeit verändert.

Deshalb reichen die Menschenbilder von Freud und Jung nicht mehr aus, um meinen Ansatz der Traumdeutung zu verdeutlichen.

Im Folgenden stelle ich meinen Leserinnen und Lesern ein Modell der menschlichen Persönlichkeit vor, das aus acht Instanzen besteht. Obwohl ich einen ausgesprochenen inneren Drang verspüre, mir komplexe Wirklichkeiten in Form von Systemen, Bildern und Definitionen zu verdeutlichen, so bin ich mir doch ganz bewusst, dass keine Wirklichkeit jemals vollständig von uns Menschen abgebildet und verstanden werden kann. Alles verstehende Denken muss zwangsläufig den Charakter der Vorläufigkeit und Unvollständigkeit haben. Ich bitte meine Leserinnen und Leser, dies immer im Hinterkopf zu behalten, wenn ich fortfahre. Jede Theorie ist nur eine Krücke, eine notwendige, aber eben doch eine Krücke.

Die philosophische Ursache für die Unmöglichkeit des vollkommenen Verstehens liegt darin, dass die Wirklichkeit, sofern wir Menschen das erkennen können, etwas Dynamisches oder wie der alte Philosoph Heraklit sagte: etwas Fließendes ist (Pantha rei – alles fließt). Dagegen ist unser menschlicher Ver-*Stand* auf Ver-*Stehen* aus. Wir bringen mit unserer Ver-*Standes*-Leistung die Dinge, die wir untersuchen, zum *Stehen*. Wir nehmen sie aus dem Fließen heraus. Das, was wir zum Stehen gebracht haben – das Verstandene – ist nun in gewisser Weise nicht mehr das Wahre und Wirkliche, denn das ist ja seinem Wesen nach ein Fließendes. Wenn wir im Verstehen die Wirklichkeit nicht mehr fließen lassen, ist sie nicht mehr das, was sie wirklich ist. Sie ist nur noch das, als was sie uns erscheint. Nur als Verstandenes können wir uns der Wirklichkeit bemächtigen, sie systematisieren, ordnen, definieren. Wir Menschen brauchen das, um uns in unserer Welt zu orientieren. Der Traum ist ein einzigartiges Phänomen, um diesen Umstand zu verdeutlichen. Seinen fließenden Charakter kann jeder Mensch ohne Probleme fühlen und erfahren. In der Regel ist der Traum mehrdeutig und komplex. Jeder Versuch, ihn auf monokausale Zusammenhänge festzunageln, muss scheitern. Bisher haben wir versucht, durch abstraktes, logisches, ordnendes und kategorisierendes Denken den Traum aus dem Fluss der Komplexität herauszureißen und ihn in Systeme zu pressen. Ich versuche es anders herum: den Verstand in den Traum hinein zu tauchen, auch auf die Gefahr hin, dass er darin ertrinkt. Nach meiner Erfahrung hat unser Verstand einen langen Atem, und wenn er wieder auftaucht, bringt er die wundervollsten Ergebnisse mit an das Tageslicht.

Deshalb verfolge ich mit meiner Skizze der menschlichen Persönlichkeit keine wissenschaftliche Genauigkeit, erhebe keinen Anspruch auf Vollständigkeit und bemühe mich nicht, jeden Widerspruch auszumerzen. Vielmehr betrachte ich meine Sicht der menschlichen Persönlichkeit als eine Einladung, in verschiedene Dimensionen und Instanzen hinein zu fühlen und hineinzudenken, um eine Ahnung für das Ausmaß der Wirklichkeit zu bekommen, mit der wir im Traum Kontakt haben. Ich schrecke vor keiner mir nützlich erscheinenden Assoziation zurück, um die Phantasie dort hin zu führen, wo ich Wahrheit und Wirklichkeit vermute. Mein Bild des Menschen soll einerseits dem Bedürfnis nach Ordnung,

Orientierung und Verstehen dienen als auch der Vorläufigkeit und dem Fließen der Wirklichkeit Raum geben – ein Experiment, das notwendiger Weise voller Spannungen sein muss. Dennoch will ich es versuchen.

Mein Bild der menschlichen Persönlichkeit besteht aus acht Instanzen, die jede für sich eigene Funktionalität und Bedeutung besitzen, und dennoch nur zusammen mit den anderen wirken. Die Übergänge sind fließend und oft nur zu ahnen. Jeder Instanz füge ich einen Zahlenwert bei, der nicht eine rational-mathematische, sondern eine ganzheitliche (philosophische, „magische", „spirituelle"....) Bedeutung besitzt. Ebenso verbinde ich die Instanzen mit der Räumlichkeit und ordne ihnen jeweils ihren Platz unter den vier Himmelsrichtungen zu. Darüber hinaus verbinde ich mit jeder Instanz eine besondere Beziehung zu einem oder mehreren Elementen, aus der unsere Erde besteht. So entsteht ein sehr komplexes und ganzheitliches Gebilde, das auch das Wissen der alten Kulturen, wenigstens zum Teil, integriert. Mir selbst hat sich dieses Modell der menschlichen Persönlichkeit gleichsam von selbst als Ergebnis meiner Erfahrungen aufgenötigt. Eine weitere Begründung kann und will ich nicht geben.

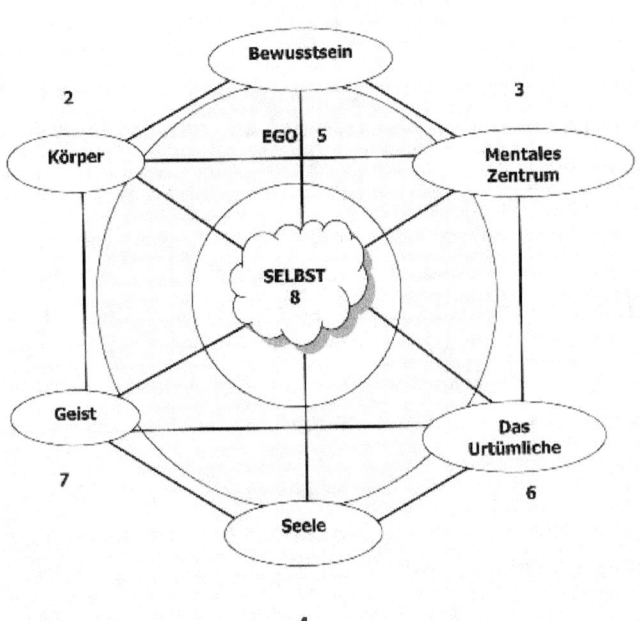

1. Das bewusste Ich

Ganz oben im Norden meines Bildes vom Menschen steht das Bewusstsein oder das, was ich das bewusste Ich nenne. Das Bewusstsein ist für mich identisch mit dem, was wir auch im alltäglichen Umgang als „bewusst" bezeichnen: eine Wachheit und Klarheit, die sich selbst als handelndes Subjekt reflektieren kann. Bewusstsein ist für mich der Gegenbegriff zu jeder Art von Schlaf, Träumen, Meditieren, betrunken sein oder unter dem Einfluss von Drogen zu stehen. Mir ist deutlich, dass der Begriff des Bewusstseins im Grunde genommen viel komplexer ist. Freud ließ das Ich zu großen Teilen unbewusst sein, weil es ständig im innersten Kontakt mit dem Es und dem Über-Ich steht. Das alles erscheint mir nachvollziehbar. Ebenso ist es meine Erfahrung, dass wir auf sehr verschiedenen Ebenen unseres Lebens verschiedene Arten von Bewusstheit erfahren. Der Traum selbst ist eine solche Form. Im Träumen sind wir uns durchaus bewusst, wir empfinden uns als handelnde oder erleidende Subjekte. Es gibt sogar Träume, in denen wir uns bewusst sind, dass wir gerade träumen. Wir sind uns oft so sehr bewusst, dass es von der Intensität der Traumerfahrung keinen Unterschied zu unseren wachen Tageserfahrungen gibt. Auch können wir Traumreisen extrem bewusst erleben. Selbst nach unserem Tod haben wir eine Art von Bewusstsein, die durchaus diesen Namen verdient. Dennoch folge ich nicht dieser Interpretation, sondern eher dem Alltagsbewusstsein.

Mein Arbeitsbegriff des Bewusstseins orientiert sich an der Entwicklung des Kindes. Wer Kinder hat, kann das sehr gut nachvollziehen. Wenn das Kind geboren wird, hat es kein Bewusstsein in dem von mir hier gemeinten Sinne, obwohl es ohne Zweifel wach ist und sicher die eigenen Wahrnehmungen klar und deutlich empfindet. Das von mir hier angenommene

Bewusstsein ist mit Sprache und Reflexion verbunden. Das Kind wächst langsam in dieses Bewusstsein hinein – durch die Sprache und die mit ihr verbundenen Abstraktion. Sprache ist abstrakt, sie löst durch den Begriff - die Energie - von den Objekten los und macht sie dem Menschen verfügbar. Für das magische, vorsprachliche Bewusstsein kann der Baum z.B. ein verwandelter Mensch oder ein Geist oder ein Gott sein. Erst der Begriff, der immer eine Art von Definition ist und nur durch das Bewusstsein funktioniert, wird dem Objekt diese fließende Energie genommen, die wir uns ohne Bewusstsein nicht verfügbar machen können. Erst durch Bewusstsein und Sprache entsteht **Welt**. Dem vorbewussten Menschen ist keine Welt, sondern eher so etwas wie ursprünglicher Natur.

Zurück zum Kind. Mit der Sprache lernt das Kind, die Dinge beim Namen zu nennen und damit ihnen eine sehr ursprüngliche Energie zu entziehen, die wir Abstraktion nennen: Loslösung. Erst durch die Sprache geschieht derselbe Prozess dem Kind auch mit sich selbst. Bewusstsein durch Sprache ermöglicht überhaupt erst jede Art von Selbstreflexion und damit von Spaltung einer ursprünglichen Einheit mit sich selbst. Einem Kind wächst das Bewusstsein, es beginnt erst sich selbst beim Namen zu nennen, wenn es von sich spricht, weil Mutter und Vater das Kind auch immer beim Namen nennen. Das Kind spricht über sich selbst anfangs in der 3. Person, wie über ein Objekt. Wirklich bewusst ist sich das Kind seiner selbst erst, wenn es ICH sagt. Das Ich ist eine enorme Abstraktionsleistung. Das Kind muss sich mit Hilfe des erlangten Bewusstseins von sich selbst loslösen, um sich auf einer höheren, abstrakten Ebene mit sich selbst zu identifizieren. Das meint der Ausdruck „Ich". In diesem entwicklungsgeschichtlichen Sinne grenze ich sowohl das Bewusstsein als auch das Ich ein. Beide gehören nicht nur entwicklungsgeschichtlich zusammen, sondern auch sachlich.

Mit dem Ich ist die Subjekt – Objekt Spaltung gesetzt, die es vorher nicht gibt und die auch im Traum relativiert wird. Das Ich ist sozusagen die Selbstsicherung des Menschen gegenüber den Objekten. Bevor das Ich ist, fließt die Persönlichkeit, sie kann zum Tier, zum Baum, zu einem anderen Menschen werden. Die energetischen Grenzen zwischen dem Menschen und seiner Umwelt sind beweglich, fließend – ganz genau wie im nächtlichen Traum. Ich ist die bewusste Sammlung der Person auf ein Zentrum hin. Das Ich hält zusammen und sichert. Der Verlust des Ichs führt dann auch beim Erwachsenen zur Persönlichkeitsspaltung.

Im Buddhismus zum Beispiel ist die Auflösung des Ichs ein zentrales Ziel der Meditation. Der Buddhist hat erkannt, dass das Ich von den Objekten isoliert. In anderen Religionen und Kulturen geht es auch darum, das Ich zu überwinden, um eine Alleinheit mit der Natur oder höheren Mächten zu erlangen.

Das Ich sammelt und sichert. Es nimmt den Objekten Energie und Macht und führt sie dem bewussten Menschen zu. In einer einfachen Formel ausgedrückt: Je mehr Ich, desto mehr Macht des Menschen über die Objekte. Je weniger Ich, desto mehr Macht und energetischer Einfluss der Objekte über den Menschen. Oder noch anders: Je mehr Ich, desto weniger Fließen der Wirklichkeit. Nur das Ich ver-*steht*, bringt die Dinge zum Stehen. Je weniger Ich, desto stärker das Fließen der Wirklichkeit.

Ich habe dem Ich bzw. dem Bewusstsein den Zahlenwert 1 gegeben, weil das bewusste Ich jene Instanz ist, die auf der Ebene des Bewusstseins unsere Einheit realisiert, die Vielheit unserer multiplen Persönlichkeit zusammenhält. Sobald dieses Bewusstsein ausgeschaltet ist, droht die Spaltung der Persönlichkeit in die vielen anderen Teile. Dafür ist der Traum das beste Beispiel. In ihm können wir sowohl wir selbst als auch andere Personen, Tiere und Wesen sein. Im Traum verlieren wir die Einheit des bewussten Ich, was vom Ich in der Regel mit Angst erlebt wird. Menschen mit einer sehr starken Bewusstseinstätigkeit, die sich eher rational-logisch einschätzen, träumen in der Regel weniger. Das heißt, sie erinnern sich nicht an ihre Träume, weil ihr Ich stark durch Angst geprägt ist. Diese Angst wertet die Bewusstseinstätigkeit des Ich energetisch auf.

Menschen mit einer stark ausgeprägten Bewusstseinsinstanz werden sich selbst als „Realisten" bezeichnen, was so viel heißt, dass ihre Welt relativ klein ist und sie nur das für wahr und wirklich halten, was den engen Rahmen des Bewusstseins entspricht. Menschen, die sich für Realisten halten, haben ein hohes Sicherheitsbedürfnis oder von der anderen Seite aus betrachtet: sie sichern sich gegen ihre eigene Angst.

Menschen, die ständig ihr Bewusstsein erweitern wollen, z.B. durch Drogen und andere, stets neue erweiternde Erfahrungen, laufen dagegen Gefahr, ihr Ich zu verlieren. Beide Extreme zeigen uns wichtige Inhalte des Bewusstseins: Sicherung in der Welt und Stabilisierung der eigenen Persönlichkeit.

Um das Bewusstsein weiter zu beschreiben, füge ich typische Eigenschaften und Funktionen an, wie: analysieren, reflektieren, abstrahieren, systematisieren, ordnen, verstehen, bewerten (richtig- falsch, gut und schlecht/böse), strukturieren, organisieren usw.

Das Bewusstsein ist seinem Wesen nach *extravertiert*, das heißt: nach außen auf die äußere Welt bezogen. Darin besteht seine Aufgabe: den Kontakt zwischen der eigenen Persönlichkeit und der Außenwelt zu regeln und bestmöglich zu realisieren. Die eigene Persönlichkeit (in meinem Bild die restlichen 7 Instanzen) stehen dem Ich/Bewusstsein dabei gleichsam im Rücken. Das bewusste Ich hat keinen oder nur sehr spärlichen und mühsamen Zugang zu den anderen Teilen der eigenen Persönlichkeit. Hier gilt: Je stärker die Angst vor den anderen Anteilen der eigenen Persönlichkeit (vor allem den Emotionen und Problemen), desto größer die Schwierigkeit, sie wahrzunehmen. Dementsprechend nehme ich an, dass Verdrängung vornehmlich auf der Aktivität des Bewusstseins beruht und die Wurzel Angst ist. Ich stelle mir das Bewusstsein als den kleinsten und zugleich schwächsten Teil der menschlichen Persönlichkeit vor. Diese Annahme ergibt sich aus meiner langjährigen Erfahrung mit Träumen und menschlichen Problemen.

Das bewusste Ich ist in meiner Interpretation des Menschen etwas Vorläufiges oder Vorletztes: es entwickelt sich in den ersten ca. 14 Lebensjahren und es baut sich wieder im späten Lebensalter ab, um spätestens mit dem Tod ganz verwandelt zu werden in eine andere Art des Bewusstseins, die ich später zu beschreiben versuche. Dieses bewusste Ich ist auch während des Traumes fast vollständig ausgeschaltet. Dennoch ist es in gewisser Weise da und wirkt als Zensor in der Traumarbeit. Aber nicht bewusst.

Das bewusste Ich ist seiner Funktion nach ein **ausführendes** Organ. Das meint: es führt alles aus, was vor allem aus dem mentalen Zentrum (und auch aus dem Körper) als Befehle gesendet wird. Alle seine Funktionen sind eine ständige Verarbeitung andrängender Impulse aus dem mentalen Zentrum bzw. aus der äußeren Welt und ihrer Reize. Mit anderen Worten: das bewusste Ich hat keine eigene Macht, sondern nur eine „geborgte" oder vermittelte Macht. Es ist gleichsam ferngesteuert und hat keine eigene „Software", um ein Wort aus der Computersprache zu benutzen. Deshalb ist es so aussichtslos, in Konfliktsituationen und anderen emotionalen Zuständen an das Bewusstsein zu appellieren. Das bewusste Ich entscheidet nicht selbst, auch wenn es den Anschein hat. Vielmehr kommen alle Entscheidungen aus dem mentalen Zentrum, sie werden nur im bewussten Ich umgesetzt und auf die äußere Welt hin vermittelt. Beispiel: Der Selbstmörder empfängt den Impuls, sich vor einen Zug zu werfen oder sich in der Apotheke die totbringenden Tabletten zu kaufen nicht aus dem Bewusstsein, sondern aus viel tieferen Schichten der Persönlichkeit. Aber das Ich-Bewusstsein setzt diesen Impuls handelnd um. Natürlich ist es in jenem Moment, in welchem sich der Selbstmörder tötet, eine bewusste Entscheidung und Tat, doch sie hat ihren Ursprung nicht in selbigem. Deshalb haben ganz offensichtlich alle Menschen ein unterschiedliches Ich-Bewusstsein, was besonders auffallend wird, wenn wir uns in andere Kulturen wagen.

Das bewusste Ich funktioniert wie ein Computer, der ja eine menschliche Schöpfung ist und seiner Funktionsweise nach ein technisches Abbild der menschlichen Bewusstseinstätigkeit darstellt. Das Bewusstsein funktioniert nach einer simplen Logik der Kausalität: richtig – falsch; ja – nein. Für das Bewusstsein muss die Realität logisch sein, Ursache und Wirkung müssen in einer klaren Widerspruchsfreiheit miteinander verknüpft gedacht werden. Da die Wirklichkeit scheinbar nicht nach dieser Logik funktioniert („Alles fließt...“), baut sich das Bewusstsein eine eigene Realität, die entsprechend der eigenen Funktionsweise aufgebaut ist und funktioniert. Ich nenne das die WELT. Welt ist für mich ausschließlich ein Ergebnis von Bewusstseinstätigkeit im beschriebenen Sinne. Je stärker sich das Bewusstsein, das Ich, ausbildet, desto größer wird die reale Differenz zwischen der WELT des Bewusstseins und dem, was wir gemeinhin Natur nennen, also den ursprünglichen Zusammenhängen und Wirklichkeiten, die weit aus komplexer sind und zum Teil nach anderen Prinzipien funktionieren als das Bewusstsein.

Wir können diesen Umstand sehr deutlich in unserer gegenwärtigen westlichen Zivilisation beobachten. Seit dem Ausgang des Mittelalters ist die Macht des abstrahierenden Ich-Bewusstseins enorm angewachsen, hat uns vorher unvorstellbare Errungenschaften der Technik gebracht, die allesamt nach denselben kausalen Bedingungen funktionieren (ja - nein; richtig-falsch; 0 – 1). Wir nennen das die moderne Naturwissenschaft. Sie ist das mächtigste Produkt dessen, was ich hier das Ich bzw. das Bewusstsein nenne. Unsere moderne westliche Welt ist Bewusstsein und fast nichts mehr außerdem. Damit verbunden ist eine gefährliche Abspaltung der anderen Elemente der eigenen Persönlichkeit und der Wirklichkeit an sich. Der einzelne Mensch wird irgendwann krank, die Zivilisation kollabiert.

Immanuel Kant hat in seiner „Kritik der reinen Vernunft" die Bedingungen, er nannte es die „Kategorien", menschlicher Wahrnehmung und Erkenntnis definiert, wozu Raum und Zeit und die Kausalität gehören. All diese Funktionen ordne ich dem Ich-Bewusstsein zu. Andere Instanzen in uns haben andere Kategorien.

Das Bewusstsein im hier beschriebenen Sinn verkörpert das *männliche Prinzip*. Durch rationale Analyse hat es die Aufgabe, uns lebens- und handlungsfähig in der äußeren Welt zu erhalten. Es organisiert und koordiniert unser äußeres Überleben. Das Bewusstsein ist damit unsere *Sicherheitszentrale*, ihm kommt die Aufgabe der **Kontrolle** zu. Gefahren werden durch Angst gemeldet. Bedürfnisse und Ängste sind die wichtigsten Emotionen, die dem Bewusstsein auf der nichtbewussten Seite entsprechen. Meine Erfahrung lehrt mich, dass ein direktes Verhältnis zwischen rationalem Bewusstsein einerseits und Angst und Bedürfnissen andererseits besteht. Ich neige zu der Annahme, dass je stärker

49

das rationale Bewusstsein, die Ich-Funktion, ausgeprägt ist, desto stärker auch die – selbst nicht bewusste – Angst. Diese Angst steht dem bewussten Ich gleichsam im Rücken, es sieht sie nicht, nimmt sie nicht bewusst wahr, verdrängt sie sogar. Hier entwickelt sich sehr schnell ein Schneeballprinzip: je größer die Angst, desto stärker die Leistung und Dominanz des Bewusstseins, was wiederum zur Entfremdung von den eigenen Emotionen führt. Darauf reagiert die restliche Persönlichkeit mit einem stärkeren Andrängen unbewusster Inhalte, was die Angst unterstützt und zum weiteren Anwachsen der Bewusstseinsleistung führt.

So kommt es, dass im Heilungsprozess in der Regel zuerst immer das rational-analytische Bewusstsein – die Kontrolle, welche die Verdrängung organisiert - geopfert werden muss. Darin besteht für die meisten Menschen die schlimmste Herausforderung, was durchaus verständlich ist. Da das Bewusstsein selbst die Entfremdung vom Rest der Persönlichkeit, angetrieben von existenzieller Angst, erschafft, muss es geopfert werden, was dem psychisch kranken Menschen als Aufforderung zur totalen Selbstaufgabe erscheint.[27] Heilung beginnt oder scheitert letztlich am Bewusstsein, am bewussten Ich, eines Menschen. Entweder wir lassen uns ein und opfern damit ein großes Stück der Kontrolle oder wir blockieren uns und insistieren auf der scheinbaren Sicherheit der Rationalität und Analyse. Für das Bewusstsein ist demnach die **Hingabe** die schlimmste Herausforderung. Sie wird in der Regel als Bedrohung und Selbstverlust erlebt.

---

[27] Ich verweise in diesem Zusammenhang auf uraltes Wissen. Schon von Jesus aus Nazareth sind uns die Worte überliefert: „Denn wer sein Leben erhalten will, der wird's verlieren; wer aber sein Leben verliert um meinetwillen, der wird's finden" Lukas 16, 25 oder : „Wenn das Weizenkorn nicht in die Erde fällt und erstirbt, bleibt es allein; wenn es aber erstirbt, bringt es viel Frucht." Johannes 12, 24

Ich möchte das Bewusstsein mit einigen typischen Begriffen beschreiben:

Es ist stark am Materiellen, an der Oberfläche der Dinge ausgerichtet. Es sucht nach Strukturen und Generellem. Das Bewusstsein kontrolliert, denkt, fühlt und handelt vor allem von verinnerlichten Regeln und Normen geleitet. Es passt sich den erkannten Umständen an, um das Überleben zu sichern. Diese Anpassung wird durch Lernen ermöglicht. Wir können auf verschiedenen Ebenen ganz unterschiedlich lernen. Das Bewusstsein lernt vor allem gemäß seiner Struktur durch die rationale Auswertung von Erfahrung, durch vergleichen, messen, wägen, prüfen, experimentieren, ver-*stehen* und durch die Verinnerlichung von äußeren Regeln, Gesetzen, Normen usw. Unser wissenschaftlich-technischer Fortschritt ist ein reines Ergebnis des Bewusstseins im hier gemeinten Sinne. Menschheitsgeschichtlich können wir recht deutlich den Punkt feststellen, an welchem das Gleichgewicht zwischen Bewusstsein/Ich und den nichtbewussten Instanzen der menschlichen Persönlichkeit verloren gegangen ist. Es ist der Punkt, an welchem eine Kultur in Zivilisation umschlägt. Eine Kultur bringt Leistungen und Ergebnisse hervor, die nicht allein aus dem Bewusstsein stammen, sondern aus den Tiefen der menschlichen Realität, was da sind: große Kunstwerke, Musik, Malerei, Dichtung, Architektur, Philosophie und Religion. Gewinnt aber das rationale Bewusstsein die Oberhand und geht das Gleichgewicht verloren, so verschwinden diese typischen Kulturleistungen und an ihre Stelle treten die Auswirkungen der Zivilisation, was da sind: wissenschaftlich- technische Errungenschaften, wie etwa Flugzeuge, Autos, Computer, Handys – die ganze Technik im weitesten Sinne.

Um die Wirklichkeit des von mir Gemeinten auch fühlen zu können, füge ich hier einige freie Assoziationen an, welche die spezifische Beschaffenheit und Tätigkeit des Bewusstseins gleichnishaft beschreiben:

Arbeitsweise des Computers (0-1) – General beim Militär – Zollkontrolle – Polizei – Autorität – Vorderseite – Oberfläche – Materie – künstliches Neonlicht – Verkehrsampel – chemische und mathematische   Formeln – Ursache und Wirkung – Flachland (eindimensional) – schwarz/weiß – Halbmond (nur die helle Seite ist zu sehen) – usw.

Zusammenfassend:
Himmelsrichtung: Norden
Zahlwert: 1
Entspricht dem männlichen Prinzip
Verbundene Elemente: Erde und Luft
Fühlt sich an: trocken und kalt

2. Der Körper

Der Körper ist der materielle Teil unserer Existenz. Er ist, wie alles Materielle, Raum und Zeit unterworfen und folgt – auf den ersten Blick - den Gesetzen der Physis. Genauer betrachtet, folgt auch der Körper geistigen Gesetzen, er ist beiden Bereichen unterworfen: dem geistigen und dem materiellen. Die Unterscheidung zwischen diesen beiden Bereichen, zwischen Geist und Körper, zwischen Materie und Nicht-Materie, ist selbst ein Produkt des bewussten Ich und sagt nicht unbedingt etwas über das wirkliche Wesen des Körpers aus, sondern vor allem über unsere bewusste Wahrnehmung. Körpersein bedeutet für uns Menschen Natursein. Als Körper stehen wir der Natur nicht nur als intellektuelle Wesen gegenüber – wie das westeuropäische Menschenbild glaubt -, sondern wir s i n d selbst Natur. Als Körper sind wir dem Werden und Vergehen unterworfen. Der Körper ist die Existenzform, das Haus unserer Lebensenergie und die Gestalt unseres Daseins. Im und als Körper haben wir unseren zugewiesenen Raum im Universum, unsere ganz spezifische Ausdehnung. Der Körper grenzt uns ein, legt uns fest und ermöglicht uns einzigartige Erfahrungen, die rein geistiger Tätigkeit nicht möglich sind. Als Körper vollziehen wir die gleichen Prozesse wie jedes organische Wesen: wir erleben ein Wachstum, eine Blüte, die Zeit der Früchte, das Altwerden und Absterben und schließlich den Tod. Wir können diesen Spannungsbogen nur erleben, weil wir ein Körper sind. Da wir als bewusste Wesen zugleich unserem Körper gegenüberstehen, gebe ich ihm den Zahlwert 2. Die Trennung in der Einheit, Dualität, die Gleichzeitigkeit von Identität und Differenz.

In meiner Sicht der Wirklichkeit steht der Körper nicht für sich allein, sondern ist eingebettet in die Gesamtwirklichkeit des

Menschlichen. Dabei gilt, wie für alle Wirklichkeit: **Geist dominiert Materie**. Unser Körper ist nicht in erster Linie von physikalischen Gesetzen geleitet, sondern von geistigen. Wie in jeder Materie so ist auch der menschliche Körper Ausdruck seines innewohnenden Geistes. Er ist das Material unseres Lernens in der Materialität. Der Körper entspricht auf der stofflichen Ebene am besten den Aufgaben, die unsere Gesamtpersönlichkeit in diesem Leben zu bewältigen hat. Viele Menschen sind mit ihrem Körper sehr unzufrieden, nicht nur mit dem gegenwärtigen Zustand (zu dick, zu dünn), sondern auch mit dem eigenen Geschlecht, mit der Haar- oder Hautfarbe usw. Das Ego möchte sich den eigenen Körper gerne aussuchen und heute verdient eine riesige Industrie Milliarden, den Menschen diesen Wunsch wenigstens ansatzweise zu erfüllen.

So verständlich dieser Wunsch ist, so unsinnig erscheint er mir doch angesichts der Frage nach dem Sinn unseres Lebens. Ich glaube, dass dieser Sinn ganz wesentlich mit unserem Körper zu tun hat, mit dieser spezifischen Form unserer Stofflichkeit. Der Körper mit all seinen Funktionen dient unserem Lebenslernen. Auch wenn uns die wichtigsten Voraussetzungen, wie Geschlecht und Genetik, vorgegeben sind, so haben wir doch einen enormen Einfluss auf unseren Körper, vor allem auf die Bereiche Krankheit und Gesundheit. Denn unser Körper ist ein direktes und unmittelbares Abbild unserer inneren Situation. Alle geistigen Bereiche wirken sich direkt auf den Körper aus. Dieser Einfluss geht so weit, dass schließlich jedes Organ unseres Körpers symbolischer Ausdruck nichtmaterieller Prozesse und Probleme ist. Wir selbst entscheiden – meist unbewusst – darüber, ob unser Körper eine sinnliche Quelle der Kraft und Freude oder aber die Ablage unserer nicht verarbeiteten Negativität ist. In der Regel ist er beides. Jeder Gedanke, ob bewusst oder unbewusst, wirkt sich im Körper aus. Jedes Gefühl beeinflusst den Körper.

Jedes Problem hat einen speziellen Ort im Körper. Ebenso hat der Körper eine Erinnerung. Was immer wir erlebt, gedacht, gesagt, gefühlt haben – es ist und bleibt im Körper gespeichert. Manches können wir durch intensive Reinigungsrituale wieder loswerden, ALLES jedoch hinterlässt Spuren. Ein Bild mag hier der Computer sein. Auch hier haben wir den Unterschied von Hartware (Materie) und Software (im Bild: das Geistige). Jede Aktion hinterlässt auf dem Computer Spuren, selbst gelöschte Informationen, einfach ALLES. So ähnlich verhält es sich mit unserem Körper. Der Körper ist ein vornehmlich passives, dienendes System. Da die meisten modernen Menschen so sehr an die Bedeutung der Materie glauben, halten sie den Körper für ein aktives System, weil er Symptome entwickelt, Krankheiten ausbildet, Geschwüre erzeugt. Die Aktivität des Körpers ist von energetischer und damit letztlich geistiger Art. Der Körper tut genau das, was wir auf einer nicht-stofflichen Ebene als Energiebefehl „eingeben". Er re-agiert, gemäß den geistigen und physischen Gesetzmäßigkeiten.

Der moderne westliche Mensch empfindet es eher als Scham, durch den Körper den gleichen Prozessen unterworfen zu sein wie die Tiere. Deshalb entfernen Frauen ihre Bein- und Schambehaarung, Männer rasieren sich, wir vermeiden peinlichst jede Art von Körpergeruch. Die Entfremdung von ursprünglichen körperlichen Funktionen erscheint als Gradmesser der Kultiviertheit. Während zu Luthers Zeiten Rülpsen und Furzen als Ausdruck von positiver Sinnlichkeit und Gesundheit angesehen wurde, gilt heute schon Niesen als Peinlichkeit. Ich musste mich vor kurzem belehren lassen, dass auf ein Niesen kein „Gesundheit" der Umstehenden mehr folgt, da es eine zu vermeidenden Peinlichkeit darstellt, der nicht noch öffentliche Beachtung geschuldet werden soll. Der westliche Schönheitswahn treibt Millionen von Menschen erst in die Fitness- Studios und später als Magersüchtige auf die Couch des Psychiaters.

Die Annahme des eigenen Körpers ist ein ganz wichtiges Kriterium für geistige Gesundheit und Erfüllung. Identität gibt es für uns Menschen nur inklusive unseres Körpers. Wir s i n d unser Körper, auch wenn er in dieser Art der Stofflichkeit etwas Vorübergehendes darstellt.

Zusammenfassend:

Himmelsrichtung: Nord-Westen
Zahlenwert: 2
Entspricht dem weiblichen und männlichen Prinzip (Geschlecht)
Verbundene Elemente: Erde – Feuer – Wasser - Luft
Fühlt sich an: warm – feucht

3. Das mentale Zentrum

Was ich das „mentale Zentrum" nenne, wird traditionell als „Unterbewusstsein" bezeichnet. Es ist nach meiner Erfahrung und Einsicht weit mehr als nur die Vermittlungsstelle zwischen dem bewussten Ich und dem unbewussten, triebhaften Es. Deshalb habe ich dieser Instanz einen anderen Namen gegeben, der die Bedeutung hervorheben soll. Für mich ist das mentale Zentrum die machtvollste Instanz unseres menschlichen Lebens. Bisweilen erschreckt mich diese Macht. Denn sie ist erschaffend und zerstörend, je nach den Inhalten. In meiner Sicht beinhaltet das mentale Zentrum all das, was Freud das „Über-Ich" genannt hat, also alle verinnerlichten Werte und Normen unserer Eltern und der uns umgebenden Gesellschaft und Kultur. Ich stelle mir das mentale Zentrum wie ein gigantisches Betriebsprogramm vor, in welchem sehr viele, zum Teil gegensätzliche und unterschiedliche Programme abgespeichert sind und von wo aus unser individuelles Leben ferngesteuert wird. Dabei nehme ich nicht an, dass diese Inhalte stammesgeschichtlicher Art sind, wie etwa die Archetypen des C. G. Jung. Nach meiner Erfahrung besitzt das mentale Zentrum durchaus alte, zum Teil uralte Erinnerungen oder kann dieses zumindest aktivieren. Doch seine spezifische Ausrichtung ist wesentlich durch die frühesten Erfahrungen der Kindheit geprägt. Als Merkwort für die Inhalte des mentalen Zentrums schlage ich „**soziale Programme**" vor. Damit meine ich, dass das mentale Zentrum all unsere verinnerlichten sozialen „Programme" enthält: unser Weltbild im engeren und weitesten Sinne, Religion, Werte und Bewertungen, Glaubenssätze jeglicher Art, Bedürfnisse und Ängste und alle Inhalte, die wir als mentale Programme gespeichert haben. Unsere gesamte INTERPRETATION DER WELT ist hier gespeichert, wird hier verändert bzw. bestätigt. Nicht unser Bewusstsein, sondern vielmehr unser mentales Zentrum ist der

Ort der Interpretation von Welt, Leben und uns selbst. Denn diese Instanz ist ein Ergebnis von Beeinflussung und Erfahrung.

Das mentale Zentrum ist sprachlich organisiert

Das Besondere am mentalen Zentrum besteht für mich unter anderem auch darin, dass es zu weiten Teilen durch *Sprache* geprägt ist, vielleicht ist es sogar in gewisser Weise durch diese konstituiert. Damit zeigt sich das mentale Zentrum als *bewusstseinsfähig*. Seine Inhalte sind grundsätzlich in der Lage, ins bewusste Ich aufzusteigen. Deshalb nannte Freud dieses System vor-bewusst, weil es eine sehr intensive und spezifische Art des Bewusstseins ist. Es ist die Sprache und das an sie gekoppelte Denken, das diese Verbindung zum bewussten Ich ermöglicht. Dieses Phänomen wird sehr schön praktisch in der Hypnose vorgeführt. Der hypnotisierte Mensch, dessen waches Tagesbewusstsein vollkommen ausgeschaltet ist, ist immer noch der sprachlichen Kommunikation fähig. Der Hypnotiseur kann sich mit dem Hypnotisierten unterhalten, Fragen stellen und Antworten erhalten. Die allen Völkern bekannte Macht des Wortes wurzelt in der Macht des mentalen Zentrums, welches erschaffend oder zerstörend ist. Die Sprache gewinnt hier, und nur hier, ihre heilende oder vernichtende Kraft. Deshalb müssen in allen magischen Ritualen Worte gesprochen werden: Zauberformeln, Flüche, Segen – was auch immer: es bedarf des Wortes. Die Magie des Wortes hat ihren Ursprung im mentalen Zentrum.

Glaubenssätze

Das mentale Zentrum ist der Sitz dessen, was ich unsere *Glaubenssätze* nenne. Das sind tiefsitzende Überzeugungen, die unser gesamtes Fühlen-, Denken und Handeln bestimmen. Diese Glaubenssätze sind zum Teil das Ergebnis von Erfahrungen und entstehen durch Auswertung dieser Erfahrungen. Zu einem noch größeren Teil sind unsere Glaubenssätze Einstellungen, Bewertungen und Über-Zeugungen, die wir von unseren Eltern und der Gesellschaft und Kultur, in der wir sozialisiert wurden, angenommen haben. Glaubenssätze liegen unseren Emotionen noch zugrunde. Im Bild ausgedrückt: Glaubenssätze liegen tiefer als die meisten Gefühle, sie produzieren sogar gewisse Gefühle, vor allem Ängste und Bedürfnisse.

Alle Kinder zeigen das Phänomen, dass sie vor allem die negativen Erfahrungen bis ungefähr zum 10. Lebensjahr niemals kausal auf das Umfeld projizieren, sondern immer auf sich selbst als Ursache zurückführen müssen. Ein vernachlässigtes oder ungeliebtes Kind mit 5 Jahren wird niemals zu der inneren Überzeugung gelangen, dass der Vater ein Idiot und die Mutter eine Schlampe ist. Sondern es wird immer zu dem Glaubenssatz gelangen, dass es selbst schlecht und nicht liebenswert sei. Sonst würden seine Eltern es ja nicht so behandeln. Das fehlende Abstraktions- und Reflektions-vermögen zwingt uns als Kinder zu diesem Schluss.

Eine wichtige Ursache unserer tiefsten Glaubenssätze sind die *Bedingungen der Liebe*. Wir Menschen können nicht bedingungslos lieben. Wer eine Partnerschaft hat, erfährt das jeden Tag. Nur bei unseren Kindern fällt es uns sehr schwer, diese Wahrheit einzugestehen. Natürlich wollen wir die besten Eltern sein, bemühen uns, die Kinder gleich zu lieben. Doch das ist Unsinn. Niemand liebt seine Kinder gleich. Viele

Menschen lieben ihre Kinder gar nicht. Alle Menschen aber haben unbewusste und unterbewusste Erwartungen an die eigenen Kinder, das sind die Bedingungen der Liebe. Der Vater erwartet vielleicht einen Stammhalter, mit dem er später seine Fußballbegeisterung teilen kann. Die Mutter erwartet vielleicht einen einfühlsamen, liebevollen und verständnisvollen Sohn, der als Partnerersatz all das ausgleichen soll, was der kühle und distanzierte Ehemann ihr nicht gibt. Andere Eltern erwarten, dass ihre Kinder es sozial weiter nach „oben" schaffen als sie selbst, dass sie erfolgreich sein sollen. So haben wir alle unsere geheimen Wünsche und Erwartungen an unsere Kinder: die Bedingungen unserer Liebe. Kinder spüren diese Bedingungen – ebenso wie unsere Haustiere, die sich, wie unsere Kinder, auch nach besten Kräften bemühen, unsere Erwartungen der Liebe zu erfüllen. Schon im Mutterleib weiß ein Kind, ob es gewünscht ist oder eher als Belastung empfunden wird. Kinder kennen die Bedingungen unserer Liebe, besser als wir selbst. Als wir Kinder waren, wussten wir ganz genau um die Bedingungen der Liebe unserer Eltern. Im Rückschluss entwickeln sich Glaubenssätze. Die meisten Glaubenssätze sind negativ und führen im Laufe des Lebens zu Problemen. Wie Freud feststellte, dass das Über-Ich immer nur die kritischen und verneinenden Teile der elterlichen Autorität abspeichert, so können wir uns vorstellen, wie manifest diese Glaubenssätze in unserem mentalen Zentrum eingepflanzt sind. In diesem Sinn kann das Über-Ich von Freud als die verinnerlichten Bedingungen der Liebe unserer Eltern und des sozialen Umfeldes interpretiert werden. Neben den individuellen Glaubenssätzen gibt es unzählige kollektive. Das sind kulturelle, soziale und religiöse Wertsetzungen aller Art, Moralvorstellungen, gesellschaftliche Tabus, religiöse Dogmen und alle Arten von kollektiven Weltbildern. Unser mentales Zentrum besteht inhaltlich aus **GLAUBEN** und **GLAUBENSÜBERZEUGUNGEN** im weitesten und

60

umfänglichsten Sinne. Was immer wir über uns selbst und die Welt, in der wir leben, glauben – es ist im mentalen Zentrum programmiert. Das bewusste Ich ist nur ein schwacher Ableger, das den Auftrag hat, das Geglaubte zu verteidigen und zu bestätigen. Unser Bewusstsein denkt, dass das eigene Bild der Welt ein Ergebnis aus eigenen Wahrnehmungen sei. Das ist zum größten Teil falsch. Richtig ist, dass das bewusste Ich wahrnimmt. Doch die Verarbeitung dieser Wahrnehmungen basiert auf unterbewussten Vorprogrammierungen, auf vorangehenden Interpretationen der Welt, des Daseins und der eigenen Person.

Diese Vorprogrammierung ist unter anderem die Sprache. Jedes Wort einer Sprache ist eine Definition, die eine unterbewusste, also vorangehende Auslegung, eine bestimmte Perspektive auf das Objekt und die Welt enthält. Wer eine andere, fremde Sprache lernt, dem kann dieser Umstand leicht auffallen. Sprache ist die unbewusste Programmierung, mit der wir unsere Welt und Existenz auslegen, ohne uns dessen bewusst zu sein.

Das bewusste Ich schlussfolgert nun daraus, weil die Annahmen über die Welt durch Erfahrung bestätigt werden, dass sie wahr sind und ihnen eine objektive Realität entspricht. Der Gedanke einer „objektiven Realität" ist ausschließlich im Bewusstsein (Ich) zu finden. Schauen wir aber in die Menschheitsgeschichte, dann finden wir, dass sich menschlicher Glaube immer bewahrheitet hat. Wir müssen erkennen, dass es keine Objektivität gibt. Sie ist eine Täuschung, eine Illusion, die unserem Sicherheitsbedürfnis geschuldet ist. Der moderne Mensch ist zum kleinkarierten Materialisten geworden, weil seine Welt funktioniert: Flugzeuge fliegen, mit Telefonen kann ich wirklich telefonieren, meine Glühbirne brennt tatsächlich durch den

Strom – also ist die Welt so. So glaubt und denkt das mentale Zentrum und das Ich – immer schon.

Noch einmal: **Das mentale Zentrum ist ein gigantisches Glaubenssystem.** Das meine ich nicht im negativen oder einschränkenden Sinne. Ganz im Gegenteil:

Macht durch Energie

Nach meiner Erfahrung ist das *mentale Zentrum eine der mächtigsten Instanzen im Menschen.* Es ist nicht nur passiv durch das Empfangen von „Programmen" der Eltern, Gesellschaft, Kultur, Vorfahren usw., sondern das mentale Zentrum ist aktiv, sehr aktiv sogar, es erschafft ständig oder zerstört, je nach den Programmen. Seinem Wesen nach ist das mentale Zentrum Energie, *geistige, mentale Energie.* Diese Energie ist ihrer Macht und Kraft nach für mich nur mit einem Atomkraftwerk zu vergleichen. Die ahnende Einsicht in die unvorstellbare Macht des mentalen Zentrums hat mir überhaupt erst den biblischen Satz verständlich gemacht: *„Und Gott schuf den Menschen zu seinem Bilde, zum Bilde Gottes schuf er ihn; und schuf sie als Mann und Frau."* (1.Mose 1,27)

Durch die Energien des mentalen Zentrums erschaffen wir unsere eigenen Erfahrungen, die sehr oft im Gegensatz zu den bewussten Zielen und Wünschen des Ich stehen. Denn die vom mentalen Zentrum erschaffenen Erfahrungen entsprechen präzise den eigenen Glaubenssätzen. Da diese zu einem sehr großen Teil negativ sind, erschaffen wir uns oft negative Erfahrungen. Dieses Erschaffen meine ich wörtlich, nicht im übertragenen Sinn. Das Besondere dieses Systems besteht darin, dass die Energie des mentalen Zentrums kompatibel ist mit der Energie, die auch den anderen Dingen und Objekten des Universums zugrunde liegt. Das Universum ist seinem inneren Wesen nach geistig oder mit einem lateinischen Wort ausgedrückt: spirituell. Das mentale Zentrum kommuniziert auf diese Weise nicht nur mit den Dingen, sondern es besteht auch eine gegenseitige Beeinflussung. Ab und zu dringen diese Phänomene in unser Tagesbewusstsein. Sehr verbreitet ist die Erfahrung der „Alltagstelepathie": ich denke an jemanden und dieser Mensch ruft kurz danach bei mir an. Dem Bewusstsein zeigt sich diese Wirklichkeit meist als Stimmung, Ahnung, Intuition oder Geistesblitz. Das mentale Zentrum ist permanent am Aussenden, Empfangen und Verarbeiten der unzähligen uns umgebenden Energien. Dabei ist das mentale Zentrum von einem Prinzip geleitet, das ich das „Radio-Prinzip" nennen möchte, weil es ganz analog dem Radio funktioniert. Oder besser: Das Radio ist ein technisches Abbild dieser zutiefst menschlichen Wirklichkeit. Wie das Radio Wellen empfängt und in Töne umwandelt, so empfängt auch unser mentales Zentrum solche energetischen Wellen und Schwingungen, ausgesendet vom uns umgebenden Seienden. Im Unterschied zum Radio ist unser mentales Zentrum aber auch aktiv, es empfängt nicht nur, sondern sendet auch immer. Entscheidend ist dabei, dass es zu einer Angleichung der Frequenzen kommt. Oder anders formuliert: Auf der „Wellenlänge", auf der wir senden, ziehen wir die Dinge und Erfahrungen an.

Auf der Ebene des mentalen Zentrums ziehen sich nicht die Gegensätze an, sondern dieselben oder ähnlichen Energien. Sendet ein Mensch viel negative Energie ins Universum, so zieht er damit ebensolche negativen Energien und Erfahrungen an. Das mentale Zentrum selbst ist in dieser Hinsicht gleichsam neutral, es dient immer dem stärksten Impuls. Diese Art der energetischen Kommunikation auf der Ebene des mentalen Zentrums ist universal und nicht auf lebendige Wesenheiten wie Menschen oder Tiere beschränkt. Das hängt mit dem spirituellen oder geistigen Wesen des Universums zusammen. Mit dem mentalen Zentrum können wir auch mit sogenannter lebloser Materie kommunizieren: Bäume, Steine, Pflanzen, technische Geräte. Mit der Kraft des mentalen Zentrums können wir Computer lahmlegen, Telefone stören, Materie bewegen und vieles andere mehr. Diese Kommunikation, bestehend aus energetischen Schwingungen, ähnlich den Radio-Welle auf der physikalischen Ebene, hat gleichsam magnetische, also anziehende Wirkung. Auf diese Weise erschaffen wir uns wortwörtlich unsere eigenen Erfahrungen. Wir ziehen ganz bestimmte Menschen, Dinge, Erlebnisse und Erfahrungen in unser Leben. Der innere „rote Faden", der die Energie leitet und inhaltlich prägt, sind unsere Glaubenssätze. Sie geben der erschaffenden oder zerstörenden Energie des Unterbewusstseins die spezifische Prägung und Ausrichtung. Hat ein Mensch viele negative Glaubenssätze, so wird er oder sie viele negative Erfahrungen erschaffen: was er oder sie aussendet, kommt als Erfahrung auf ihn oder sie zurück.

Ein schönes alltägliches Beispiel für ein solches Erschaffen ist die Angst vor Hunden. Wenn ein Mensch starke Angst vor Hunden hat, so wird er bald die Erfahrung machen, dass die Hunde das wittern und – anstelle den Ängstlichen links liegen zu lassen – nun erst Recht aggressiv reagieren. Der Mensch erschafft diese Reaktion des Hundes durch die Angst. Er zieht sie an. Dahinter verbirgt sich dieses generelle Prinzip, dass wir in unserem mentalen Zentrum Energien aussenden und empfangen und dabei erschaffend sind. So lehrte schon Jesus aus Nazareth: *„Alle Dinge sind möglich dem, der da glaubt."* (Markus 9,23). Das ist wahr und wörtlich zu nehmen. Oder anders formuliert: Uns geschehen ständig die Dinge, an die wir glauben bzw. die unseren Glaubenssätzen entsprechen. Wenn ich daran glaube, dass ich ein Tölpel bin, werde ich mehrfach am Tag irgendetwas herunterreißen. Wenn ich glaube, dass ich nicht liebenswert bin, ziehe ich Partner an, die mir das als Erfahrung zeigen. Wenn ich daran glaube, dass mein Partner fremd gehen wird, arbeite ich daran, dass er es tut – und es wird geschehen. Manche Menschen glauben daran, im Spiel zu gewinnen oder bei irgendwelchen Preisausschreiben. Und so ist es.

Gemäß dieser ungeheuren Macht des mentalen Zentrums gehe ich davon aus, dass wir alle so leben, wie es unseren unterbewussten Programmen entspricht. Dagegen opponiert natürlich das bewusste Ich, denn viele Erfahrungen entsprechen so gar nicht unseren bewussten Wünschen und Zielen. In meiner Arbeit habe ich viele Menschen kennen gelernt, die sich bewusst so sehr einen liebevollen und einfühlsamen Partner wünschten, doch immer wieder entpuppten sich die gewählten und ausgesuchten realen Partner als Egoisten ohne Wertschätzung für die Gefühle des anderen. Zufall? Natürlich nicht, sondern Prinzip. Das mentale Zentrum behält immer Recht. Es ist bedeutend stärker als das Bewusstsein. Und es wirkt verborgen. So bleibt den meisten Menschen lebenslang verborgen, dass sie selbst aufgrund ihrer Glaubenssätze ihre eigenen Erfahrungen erschaffen. Aus der Sicht des Bewusstseins müssen sie sich als Opfer verstehen. Aus der Sicht des mentalen Zentrums sind sie die Erschaffenden.

Viele Teile des mentalen Zentrums fallen wohl in die Versenkung des Urtümlichen, können aber reaktiviert werden, wie dieses Beispiel zeigt: Ein Seminarteilnehmer erzählte mir, dass sein Bruder einen schweren Unfall erlitten hatte, der ein längeres Koma nach sich zog. Als der Bruder aus dem Koma erwachte, sprach er fließend russisch, was er niemals in seinem Leben gelernt hatte. Ebenso war er niemals in Russland gewesen. Nach dem Erwachen wusste der Bruder nicht, wer er war, hatte Erinnerung, Gedächtnis und Muttersprache verloren. In diesem Fall waren Teile des mentalen Zentrums aus der Versenkung des Urtümlichen wie aus einem Nichts aufgetaucht. Dieser Mann hatte ein früheres Leben in Russland

65

gehabt. Daher war die Sprache immer noch „gespeichert" und reaktivierbar. Ähnliche Phänomene sind in der ganzen Welt belegt.[28] Diese und ähnliche Beispiele zeigen uns, dass die Verkoppelung von mentalem Zentrum und Sprache sehr lange anhält und vermutlich mehrere Inkarnationen überdauert. Das Bewusstsein kann diese Speicherung aber leider nicht steuern, diese Prozesse sind dem Ich entzogen, was schade ist, da auf diese Weise sehr viel altes Wissen und Können leicht reaktivierbar wäre.

Ich fasse zusammen:

Das mentale Zentrum ist der Sitz unserer sozialen Programme und unserer tiefsten Glaubenssätze über uns selbst und unsere Welt. Ebenso gehören die Inhalte des von Freud so genannten Über-Ichs zum mentalen Zentrum. Der größte Teil ist sprachlich organisiert. Sprache enthält immer eine Auslegung der Welt und des Seienden im Ganzen.
Das mentale Zentrum ist nicht nur eine Vermittlung zwischen dem Urtümlichen und dem Bewusstsein, sondern eine eigene energetische Machtzentrale. Als geistige Energie kommuniziert das mentale Zentrum mit dem uns umgebenden Universum. Die Glaubenssätze mit den dazu gehörigen Gefühlen geben die Inhalte der geistigen Energie, mit der das mentale Zentrum Erfahrungen anzieht und erschafft.

Ich füge freie Assoziationen an, um die Wirklichkeit des mentalen Zentrums bildlich zu beschreiben:

Betriebsprogramm eines Computers (wie z.B. Windows) – Radio-Station und Radio (sendet und empfängt Radiowellen) – Wellenenergie aller Art – Radar – Autopilot beim Flugzeug –

---

[28] z.B. nachzulesen in: R. A. Moody: Leben vor dem Leben. 1999

Wurzeln eines Baumes – Prisma (Licht fällt ein und bricht sich entsprechend der Kristallstruktur) – Kernkraftwerk – Starkstromkabel...

Zusammenfassend:

Himmelsrichtung: Nord-Osten
Dominierende Elemente: Feuer – Luft – Äther
Zahlenwert: 3

4. Die Seele

Die Seele hat in meiner Sicht des Menschen eine sehr spezifische Bedeutung: sie ist die Quelle aller Gefühle und Empfindungen und damit zugleich das „Gleichgewichtsorgan". Auf der organischen Ebene vergleiche ich die Seele mit dem Herzen, welches permanent Blut durch den gesamten Körper pumpt und den Kreislauf im Gleichgewicht hält.
Den Ort der Seele sehe ich ganz im Süden, genau gegenüber dem Ich im Norden. Die Seele entspricht dem weiblichen Prinzip in unserer Gesamtpersönlichkeit. Die Seele hat die Aufgabe, unsere emotionale Ganzheit und Vollständigkeit zu sichern und zu bewahren. Das tut sie ausschließlich über das Produzieren und Senden von Gefühlen und Empfindungen jeglicher Art in das Gesamtsystem Persönlichkeit. Sie ist eine Art Seismograph, ein Sensibilitätsorgan. Die Seele zeigt uns an, an welchen Punkten wir lieben, hassen, Angst haben, uns bedroht fühlen, hoffen, vertrauen, misstrauen usw. Jedes nur mögliche Gefühl, absolut jedes, kommt aus unserer Seele und ist ein Ausdruck der Seelentätigkeit. Auf der Körperebene entspräche die Seele also nicht nur dem Herzen, sondern

zugleich dem Blut und den Nerven. Die Seele ist die Quelle, die Wurzel, aus der die Emotionen und Empfindungen kommen und ausgesendet werden. Damit grenze ich die Seele gegenüber älteren Deutungen ein. Die Seele ist für mich nicht der göttliche Funke im Menschen oder ähnliches. Mein Arbeitsbegriff der Seele beinhaltet keine übermenschlichen Eigenschaften oder Fähigkeiten. Andererseits hat nach meiner Definition jedes Wesen, das zu irgendeiner Art von Empfindung fähig ist, eine Seele im engeren Sinn. Ein direkter körperlicher Ausdruck der Seele sind die Nerven, die uns körperlichen Schmerz oder andere Empfindungen an unser Gehirn senden und bewusst machen.

Die Seele hat nach diesem Arbeitsbegriff einen sehr allgemeinen Charakter. Sie ist nicht automatisch mit „Gutem" angefüllt. Ein seelenvoller Mensch ist für mich einfach ein sehr emotionaler oder sensibler Mensch. Das kann ein Liebender ebenso sein wie ein Hassender. Die gesunde Seele versucht allerdings immer, ein Gleichgewicht der Gefühle herzustellen. Darin besteht wesentlich ihre Funktion und Aufgabe. Ein Liebender wäre also dann im Gleichgewicht, wenn er sich wieder geliebt fühlte. Liebt er unglücklich, wäre er nicht im Gleichgewicht. Der Hassende ist definitiv nicht im Gleichgewicht, kann es aber durchaus werden, indem er Genugtuung findet für seinen Hass.

Wenn die Seele krank ist, wie z.B. bei einer Depression, so ist das furchtbar. Das Gleichgewicht ist gestört, es fühlt sich wie ein „Verbluten" an, nur eben nicht körperlich.

Die sehr rationalen, kühlen und kontrollierten Menschen sind von ihrer Seele am weitesten entfernt. Denn Seele können wir nur fühlen. Sie ist Gefühl und sonst nichts. Damit ist eine wesentliche Aussage über unsere Gefühle getroffen: sie sind die wichtigste Realität unserer menschlichen Existenz. Sie zeigen uns an, was mit uns geschieht.

Meine Skizze zeigt an, dass die Seele sozusagen der tiefste Punkt unserer Persönlichkeit darstellt. Und das ist auch so. Sie ist wohl das Erste und das Letzte. Zuerst waren Gefühle und zuletzt werden wir nur Gefühl sein. Alles andere ist eine Art Zwischen.

Anbetracht der Tatsache, dass über 90 Prozent unserer gesamten Persönlichkeit emotional sind und 100 Prozent durch Gefühle, Stimmungen und Empfindungen beeinflusst sind, kann die Bedeutung der Seele nicht hoch genug eingeschätzt werden.

Ich habe ihr den Zahlenwert 4 gegeben, weil die 4 für die Ganzheit und Einheit des Seienden steht. Wir haben 4 Himmelsrichtungen, 4 Jahreszeiten, 4 Elemente, aus denen die Erde besteht usw.

Um uns dem Wesen der Seele von einer anderen Seite zu nähern, möchte ich eine philosophische Reflexion von Martin Heidegger aufgreifen, der das menschliche Dasein als ein Gestimmtsein interpretierte.[29] Wir haben immer irgendeine Stimmung, selbst im Schlaf, in der Ohnmacht und im Tod. Immer, wirklich immer, ohne jede Ausnahme, sind wir irgendwie *gestimmt*. In diesem Gestimmtsein liegt ein Zugang zum uns umgebenden Nicht-Ich. Wir betreten einen Raum und werden gestimmt durch das, was der Raum aussendet. Eine Begegnung mit einem Menschen hinterlässt eine ganz spezifische Stimmung. Dieses Gestimmtsein, was unser menschliches Dasein prägt und determiniert, ist das Wirken der Seele. Sie allein vermittelt uns Stimmungen, und zwar ständig ohne Unterlass.

Und wie uns über die Nerven körperlicher Schmerz vermittelt wird und wir eine Verletzung empfinden, so vermittelt uns die Seele im Inneren Signale, wo etwas nicht stimmt mit uns. So

---

[29] Martin Heidegger: Sein und Zeit. 1927

geraten wir in eine bestimmte Stimmung – der Angst, der Sorge, der Freude, der Besinnung - was auch immer.

Seit Menschen über die Seele nachdenken, wird sie für unsterblich gehalten. Wer überhaupt heute noch an eine Seele glaubt, der hält sie vermutlich für unsterblich. Andere Kulturen glauben an Seelenwanderung. Wo immer eine Seele postuliert wird, dort hat sie hohe, unsterbliche Bedeutung.
Auch ich gehe davon aus, dass die Seele den physischen Tod „überlebt" und weiter existiert. Weil wir weiter existieren. Es gibt also noch im Tod und nach dem Tod Empfindungen, Stimmungen und Gefühle. Wir Menschenwesen haben unsere Seele „mitgebracht" auf diese Welt und nehmen sie auch wieder mit zurück, wie alle anderen Wesen auch, die eine Seele haben.

Meine freien assoziativen Bilder, um die Seele zu beschreiben:

Gebärmutter – Wolke – Ofen – Schoß – Familie – Liebe und Hass – Hängematte – Frühlingswiese – warmes Bett – heimatlos – Sonnenuntergang – Weinen und Lachen – Verzweiflung – liebe, dicke stillende Mutter – sprudelnde Quelle – das menschliche Herz, das ständig Blut in und durch den Kreislauf pumpt – die Nerven des Körpers...

Zusammenfassend:

Himmelsrichtung: Süden
Dominante Elemente: Wasser – Feuer – Luft – Äther
Entspricht dem weiblichen Prinzip
Zahlenwert: 4

5. Das Ego

Die Annahme eines Egos hat sich mir zwingend aus der Arbeit mit den Träumen und den Problemen der Menschen ergeben. **Das Ego bezeichnet die dynamische und energetische Gesamtheit unseres Mangels.**
Je größer unser Mangel, desto größer unser Ego. Dabei nehme ich das Ego nicht nur als eine quantitative Größe an, etwa wie eine reine Ablage oder einen Aufbewahrungsort des Mangels. Vielmehr erscheint mir das Ego hoch qualitativ und aktiv. Das Ego ist eine ganz eigene Wirklichkeit mit eigenen Strukturen und Funktionsweisen.
Das Ego wird im Wesentlichen von *negativen Glaubenssätzen* aus dem mentalen Zentrum gespeist, die dem Ich in der Regel nicht bewusst sind. Solche Glaubenssätze haben etwa die sprachliche Form von: „Ich komme zu kurz; Ich bekomme zu wenig; Ich werde immer übergangen; Ich bin nicht gut genug; Ich bin schlecht; Ich bekomme zu wenig Liebe, Anerkennung, Zuwendung, Geld..." u.s.w.
Das Ego versucht nun, diesen Mangel durch Beeinflussung aller Instanzen auszugleichen. Der soweit in sich sinnvolle Versuch wird dadurch torpediert, dass nach den Gesetzmäßigkeiten des mentalen Zentrums (und des Universums), sich immer gleichartige Energien anziehen. Auf diese Weise führen alle Versuche des Egos, den empfundenen Mangel auszugleichen, niemals zum gewünschten Erfolg. Den wirklichen Erfolg hat immer der negative Glaubenssatz, der Erfahrungen anzieht, die ihm entsprechen.
Mein Lieblingsbeispiel hierfür ist der Ehr-Geiz. Dieses menschliche Phänomen beruht auf dem Mangel an Anerkennung und Selbstwert. Ein geiziger Mensch, worin auch immer sein Geiz sich auswirkt, glaubt zutiefst an Mangel. Der Geiz ist eine durch das Ego hervorgebrachte Reaktion auf den empfundenen Mangel. Der Geiz soll den Menschen davor

schützen, noch mehr zu verlieren und das Wenige zu sichern. Ehr-Geiz beruht nun auf dem Mangel an Ehre, was für Anerkennung und Selbstwert steht. Der darunter liegende Glaubenssatz lautet etwa: „Ich bin nicht gut genug, ich bin schlecht, nicht wertvoll genug..." Das Ego versucht nun mit enormem Energieaufwand, den vorhandenen Mangel auszugleichen und wettzumachen: der Mensch steigert sich in die Leistung hinein, wird vielleicht zum Workeholiker, zum Leistungssportler. Das Ich wird total instrumentalisiert, die ganze Persönlichkeit wird vom Ego dominiert. Solch eine Macht hat das Ego, immer abhängig von der qualitativen Energie des empfundenen Mangels.

Das Ego ist insofern tragisch, weil es zwar mit allen zur Verfügung stehenden Mitteln versucht, den Mangel auszugleichen und doch dabei immer zum Scheitern verurteilt ist. Die das Ego anfachenden negativen Glaubenssätze führen immer dazu, dass der Mangel sich vergrößert, was zu einer Steigerung der Ego-Aktivität führt usw.

Nun sind alle Menschen immer auch von Mangel geprägt. Wir Menschenwesen sind ein permanentes Zuschusssystem. Wir bekommen immer wieder Hunger und Durst, dann fehlt uns Schlaf oder frische Luft oder Sex. Von unseren ersten Tagen an fehlt uns in der Regel ausreichend Liebe und Geborgenheit. Unsere Erwartungen, Wünsche und Bedürfnisse werden durch die Härte des Lebens ständig frustriert. Das ist normal. So ist das Leben. Damit umzugehen gehört zu den schwierigsten Aufgaben unseres Menschseins. Alle Menschen haben also Mangel. Demnach ist Mangel etwas Natürliches und Unvermeidbares. Alle Menschen haben demnach auch ein Ego. Doch beim genauen Hinsehen zeigen sich hier ganz gewaltige Unterschiede.

Nach meiner Erfahrung wächst das Ego immer dort am meisten an, wo Menschen *seelischen* Mangel erleiden. Physischer Mangel führt in der Regel zu einer viel schwächeren Ausprägung des Egos. Wer schon einmal eine andere Kultur außerhalb von Europa kennen gelernt hat, wird vielleicht die Erfahrung gemacht haben, dass dort Menschen leben, die wir materiell als bitter arm bezeichnen würden, die jedoch nur wenige Anzeichen eines starken Egos zeigen. Im Gegenteil, sie teilen fröhlich aus, obwohl sie nach unserer Einschätzung fast selbst nichts besitzen.

Der schlimmste Mangel, und damit das stärkste Ego, entsteht nach meiner Erfahrung immer durch Abwesenheit von Liebe, Annahme und Wertschätzung.

Im Traum wie im wachen Leben arbeitet das Ego an der Kompensation unseres Mangels. Das ist ein harter Job. Es manipuliert den ehrlichen Blick auf uns selbst, es gaukelt uns etwas vor, was wir vielleicht sein wollen, aber nicht sind. Vielleicht sind wir es, aber das Ego lenkt uns davon ab. Dem Ego fällt die ganze Beweislast zu, unsere negativen Glaubenssätze über uns selbst zu widerlegen.

Da nach den energetischen Gesetzen des Universums Mangel immer wieder neuen Mangel erzeugt, laufen die Aktivitäten des Egos gleichsam im Hamsterrad. Letztlich schafft das Ego weder den empfundenen Mangel wirklich auszugleichen noch den zugrunde liegenden negativen Glaubenssatz zu widerlegen. Das Ego ist zum Scheitern verurteilt, was sich im Alltagsleben durch Resignation, Frustration, Depression und Aggression zeigt. Auf der Körperebene entspricht dem oft der Krebs, der Herzinfarkt oder andere selbstdestruktive Krankheiten.

Aufgrund seiner zum Teil enormen energetischen Stärke und Macht, gelingt es dem Ego oft, die gesamte menschliche Persönlichkeit vollkommen zu manipulieren.

Ein solches Massenphänomen war für mich die Ausbreitung des Nationalsozialismus in Deutschland. Deutschland war und ist ein emotional armes, ja verkümmertes Land. Kinder bekamen traditionell viel zu wenig Zuwendung, Liebe und positive Emotionen. Anerkennung gab es fast gar nicht. Die positiven Verhaltensweisen wurden erwartet. Kommunikation war vor allem Kritik, wenn ein erwartetes Verhalten nicht oder nicht ausreichend gezeigt wurde. Nachdem Deutschland den 1. Weltkrieg verloren hatte und sich die Deutschen als Kriegsverlierer durch den Vertrag von Versailles zutiefst gedemütigt fühlten, war der Mangel ins Unermessliche gestiegen. Hinzu kam der Mangel an Ordnung und Sicherheit im Land. Hitler, selbst von einem pervertierten Ego besessen, machte sich die Deutschen dadurch psychologisch Untertan, indem er sich ihres Mangels annahm. Durch die Militarisierung der Gesellschaft bekam nun jeder Anerkennung. Der Führer wurde gleichsam über Nacht zur vollkommen überhöhten Vaterfigur. Anerkennung war der Schlüssel. Der Egomane Hitler hatte ein natürliches Gespür dafür, was die Deutschen brauchten: Anerkennung, endlich einen strengen (das kannten die Deutschen schon), aber auch anerkennenden Vater. Der Deutsche durfte wieder stolz sein auf sein Deutschtum. Die Ausnutzung des Egos war der psychologische Weg zur fast absoluten Macht.

Das Bedrohliche und Gefährliche am Ego besteht daran, dass, wenn es sich erst einmal in eine solche kompensatorische Aktivität geflüchtet hat, es oft kein Zurück mehr gibt. Dadurch, dass die mentale Basis des Egos negative Glaubenssätze über sich selbst sind, wird die Diskrepanz immer größer zwischen dem Energieaufwand des Mangelausgleichs und dem unverändert negativen Glaubenssatz. Am Ende eines solchen Prozesses kann sich das Ego nur als totalen Versager identifizieren, weil alle Aktivitäten nicht dazu geführt haben,

den Mangel auszugleichen oder den Glaubenssatz positiv zu verändern.
Das Ego ist folglich seinem Wesen nach immer selbstdestruktiv.

Das hatten alle alten Religionen erkannt. Der größte Sinn der allermeisten Zeremonien war und ist die Überwindung des Egos. Am deutlichsten finden wir diese Idee im Buddhismus, wo die Überwindung des ganzen Ichs das Ziel der spirituellen Entwicklung darstellt.

Das Ego hat im räumlichen Bild keine feste Position, sondern umfasst die ganze menschliche Persönlichkeit. Es hat zu allen Instanzen Kontakt und Zugang und liegt wie ein Ring um das Selbst, was dazu führt, dass ein starkes Ego den Zugang zum eigenen Selbst behindert. Je stärker das Ego desto schwieriger der Zugang zum Selbst.
Da sich das Ego auf jede menschliche Instanz auswirken kann, sind die Auswirkungen zum Teil sehr unterschiedlich.

Auf der Körperebene zeigt uns das Ego an, wenn wir Hunger und Durst haben oder müde sind und schlafen gehen sollten. Darin besteht seine natürliche Funktion. Auf der Ebene des mentalen Zentrums wäre das der „Hunger" nach Erkenntnis, Wissen und Lernen. Auf der Ebene des Urtümlichen entspricht das dem triebhaften Wunsch nach erfüllter Sexualität oder Aggression. Seelisch zeigt sich das Ego in unserem Sehnen nach Liebe, Wärme, Geborgenheit und Annahme usw.
In Verbindung mit negativen Glaubenssätzen verwandeln sich diese natürlichen Impulse in problematische und blockierende Energien.

6. Das Urtümliche

Diese Instanz entspricht im weitesten dem, was von anderen als das Unbewusste bezeichnet wird. Der Begriff des Unbewussten ist negativ, weil vom Bewusstsein her konzipiert. *Un*-bewusst ist das, was per definitionem nicht bewusst ist und vielleicht auch niemals bewusstwird. Ich nenne diese Instanz das Urtümliche und entkoppele damit die Beschreibung stärker vom Bewusstsein. Übereinstimmend mit Freud sehe ich im Urtümlichen die Triebe unseres Menschseins, die uns mit der Tierwelt verbinden- Freud nannte diesen unkultivierten Bereich das *Es*: Sexualität, Aggression, Selbsterhaltung, Todestrieb, Ur-Ängste (wie z.B. verloren zu gehen) und Ur-Bedürfnisses (wie z.B. nach Liebe und Geborgenheit) schlummern hier.
Mit C.G. Jung stimme ich überein, dass im Urtümlichen auch kollektive Inhalte verschiedener Stadien aktiv sind: Erinnerungen, Bilder und Symbole des eigenen Kulturkreises und tiefer diejenigen der gesamten Menschheit.
Mehr im Sinne Jungs sehe ich im Urtümlichen das Alte, das wir in unser menschliches Leben mitbringen. Im Unterschied zu Jung halte ich die Archetypen nicht für Inhalte des Unbewussten, sondern des Selbst.

Für mein Bild des Menschseins sind wir im Urtümlichen mit den tiefsten Ebenen der menschlichen Existenz verbunden, mit der Natur als geistige, das meint: energetische Macht. Im Urtümlichen sind wir Tier und Pflanze, wir haben mit der Natur dasselbe geistige Wesen und sind deshalb auch in der Lage, auf dieser Ebene mit der Natur um und in uns zu kommunizieren. Wer mit Tieren umgeht, der weiß, wovon ich rede. Tiere kommunizieren auf der Ebene des Urtümlichen, hier senden wir die Wellen der Angst, der Aggression, der Anziehung und Abstoßung aus.

Das Alte des Ursprünglichen verstehe ich nicht als etwas Rudimentäres, was noch aus der Entwicklungsgeschichte übriggeblieben ist, sondern für mich ist es eine sehr wertvolle, hochaktive und wichtige Instanz, die vor allem auch altes Wissen enthält. Die wichtigsten **Symbole** haben ihren Ursprung im Urtümlichen. Symbole und Bilder sind die eigene Sprache des Urtümlichen, eine Wortsprache finden wir hier nicht. Im Urtümlichen suchen wir auch vergeblich nach einer Logik, wie wir sie im Bewusstsein brauchen. Das Urtümliche ist – vom Bewusstsein aus gesehen – ambivalent und verdichtet. Widersprüche existieren hier völlig normal nicht nur nebeneinander, sondern ineinander. Das Yin-Yang-Symbol zeigt uns diesen Umstand sehr anschaulich. Liebe und Hass sind hier nicht Gegensätze, sondern Energien desselben Wesens. Diese Einsicht ist für das Wesen des Traumes von unschätzbarem Wert. Denn der Traum, der aus dem Urtümlichen kommt, weist dieselbe Struktur auf: Zeit geht hier mehr und mehr verloren, die Logik des bewussten Ichs hört auf zu gelten, Widersprüche bilden eine Einheit.

Ich glaube, dass das Urtümliche dem Wesen des Lebens viel besser und wahrhaftiger entspricht als unser Bewusstsein. Deshalb sehe ich im Urtümlichen einen ganz wesentlichen Zugang zur Wirklichkeit schlechthin. Nur die Richtung des Urtümlichen zeigt uns einen spezifischen Weg, nämlich jenen nach „unten" und nach „hinten" in jede Art von Vergangenheit und Ursprung.

Neben den Trieben, Ängsten und Wünschen beinhaltet das Urtümliche auch eine Ablage jeglicher Erfahrungen, die wir jemals gemacht haben. Erlerntes und Erfahrenes aus Bewusstsein und mentalem Zentrum fallen hier in eine Art Keller, den wir uns nicht tief und dunkel genug vorstellen können. Denn hier, im Urtümlichen, werden Erfahrungen und Erlerntes auch konserviert. Damit meine ich: es geht nichts verloren. Dazu gehören auch die Erkenntnisse, Erfahrungen und Bilder aus früheren Leben, die hier abgespeichert sind. Manchmal fallen wir wie „zufällig" an ganz bestimmten Stellen unseres Lebens ins Urtümliche: wir erkennen eine Landschaft wieder, die wir noch niemals zuvor in diesem Leben gesehen haben. Oder, wie ich oben beschrieb, spricht ein Mensch plötzlich eine Sprache, die er niemals gelernt hat. Auch im Traum spielen ab und an frühere Leben eine wichtige Rolle. Darauf komme ich noch zurück.

Zugleich ist das Urtümliche auch der Ort, an dem Verdrängtes abgelagert wird. Zwischen dem Urtümlichen und dem mentalen Zentrum besteht ein Filter, der den Zugang zensiert und damit schwierig gestaltet. Je unangenehmer das Verdrängte für das mentale Zentrum und schließlich für das bewusste Ich ist, desto stärker der Filter. Alle Inhalte aus dem Urtümlichen, die ins Bewusstsein steigen wollen, müssen aus der Sprache der Bilder und Symbole in die des Wortes und damit des Denkens verwandelt werden. Sprache, Wort und Denken sind abgeleitete Wirklichkeiten, sie sind abstrakt und damit durch Wirklichkeitsverlust gekennzeichnet. So kommt es, dass wir, die wir gewohnt sind, unsere Wirklichkeit in Abstraktionen wahrzunehmen und zu kategorisieren, das Urtümliche als primitiv und unterentwickelt betrachten und empfinden. In Wahrheit verhält es sich genau umgekehrt: Das Urtümliche entspricht viel vollständiger dem Wesen der Wirklichkeit als unser Bewusstsein sich vorstellen kann.

Im Urtümlichen befinden sich die grundlegenden unbewussten Strukturen, nach denen unser menschliches Leben abläuft und Bindungen von uns gestaltet werden. Die „Familienaufstellungen", von Bert Hellinger erfunden, sind dafür ein lebendiges Beispiel. Ebenso die Volksmärchen, die von den Brüdern Grimm gesammelt wurden. Beide Phänomene zeigen uns vollkommen unbewusste Grund-Strukturen menschlicher Bindung im und durch den Familienverbund, die unser gesamtes Leben prägen. Diese urtümlichen emotionalen Bindungsstrukturen wurzeln im Urtümlichen. Damit ist dieser Bereich unserer Persönlichkeit weit mehr als nur Ort der Triebe. Vielmehr enthält und offenbart das Urtümliche so etwas wie die Ur-Natur unserer Bindungen und Bindungsstrukturen. Und noch viel mehr.

So sehe ich drei Wege, dem Urtümlichen zu begegnen: den Freud'schen Weg, der lautet: Aus Es werde Ich! – alle nur möglichen Inhalte des Unbewussten, des Es, sollen bewusst und ins Ich sublimiert werden.
Den Jung'schen Weg, der etwa so lauten mag: Versöhnung zwischen Ich und Es: Mache dir das Unbewusste zum Freund und verehre sein Geheimnis.
Meinen Weg würde ich plakativ so beschreiben: Das Ich soll ins Urtümliche eintauchen und sich dort verwandeln, gemäß dem Märchen von Frau Holle, in welchem die Goldmarie in den Brunnen springen muss, um die Spindel und sich selbst zu retten und dann verwandelt wiederaufzutauchen.

Zusammenfassend:

Das Urtümliche hat mindestens folgende Funktionen/Aktivitäten oder Wesenseigenschaften:

- es ist der Ort unserer Triebe, die uns tief mit der Natur verbinden
- es ist der Ort des Verdrängten (Wünsche, Probleme, Erfahrungen)
- es ist der Ort eines natürlichen Wissens um Ordnungen und Lebens-Strukturen, sowie der Ort unserer tiefsten Bindungsstrukturen

79

- es ist der Ort unseres Wissens um unsere früheren Leben

Ich füge wieder freie assoziative Bilder an, um das Unbewusste zu beschreiben:

Keller – tiefe Grotte – Höhle – Vulkan voller Lava – dunkelblaues, schwarzes Universum – Erdreich im Innersten – tiefes, blaues Meer mit unvorstellbaren Stürmen, Flutwellen und Meeresungeheuern in der Tiefe – tiefer Brunnen – Unterwelt – Nacht ...

Himmelsrichtung: Süd-Osten
Zahlenwert: 6
Dominierende Elemente: Wasser – Feuer – Äther

7. Der Geist

Der Geist ist unser spirituelles „Organ", darum hat er den Zahlenwert der 7. Dem modernen westlichen Menschen ist diese Instanz wohl am entferntesten und unbekanntesten. Doch vor unserem physischen Leben waren wir Geist und nach dem Tod sind wir es wieder. Und natürlich ist auch unser irdisches Leben durch und durch vom Geist geprägt. Denn das Wesen des Seienden ist geistig oder mit einem lateinischen Wort: spirituell.

Im Geist sind wir mit dem ganzen Universum, mit allen sichtbaren und unsichtbaren, materiellen und nichtmateriellen Dingen verbunden bzw. können uns mit ihm verbinden oder mit ihnen kommunizieren. Dabei hat der Geist, für sich genommen, erst einmal gar nichts mit bewusster Intelligenz und auch nichts mit dem Ich zu tun. Er ist eine eigenständige Größe.

Früher nannte man eine bestimmte Gruppe von Menschen „Geisteskranke" und nicht Seelenkranke, was nach meiner Einschätzung eine weit genauere Beschreibung ist. Wenn der Geist krank wird, ist das etwas Anderes als wenn die Seele krank wird, auch wenn im Gesamtsystem Mensch immer alle Instanzen miteinander vernetzt sind.

Der Geist ist gleichsam eine reine Energie-Instanz, sehr mächtig und oft durch Unwissenheit schlecht behütet und geschützt. Denn der Geist ist unser Tor in andere Dimensionen. Wir können uns das wie eine Klapptür, eine Art Saloon-Tür vorstellen: sie lässt uns sowohl nach „draußen" als auch andere Energien von „draußen" nach „drinnen" in unsere Persönlichkeit. Im Geist sind wir Teil des universalen geistigen Wesens des Universums, wir kommunizieren mit und im Geist mit den geistigen Wesenheiten, die uns umgeben.

Wir er-*kennen* und wieder-*erkennen* und können durch den Geist hinter den oft täuschenden Schleier der Materialität schauen. Der Geist kann die treibende Kraft unserer Er-Kenntnis sein (nicht im Sinne des Ver-Stehens, das gehört zum Ich-Bewusstsein).

Ich möchte den Geist am Phänomen der Besessenheit besser beschreiben. Der moderne Mensch hält das sicher für bösen mittelalterlichen Aberglaube, aber es ist wahr: Besessenheit spielt eine große Rolle in unserem Leben, ob wir das nun wahrhaben wollen oder nicht. Durch den Geist können fremde, oft sehr negative geistige Wesenheiten, Besitz von uns ergreifen. Sie dringen durch den Geist in uns ein und wohnen dann in einem Menschen. Diese negativen Geistwesen sind Parasiten und suchen einen Wirt. Voraussetzung dafür ist Mangel und ein starkes Ego. Nur wo Mangel, zumeist unbewusst, ist, nisten sich negative Geistwesen ein. Situationen, die eine Besessenheit auslösen können, sind u.a. Trunkenheit, sexuelle Ausschweifungen, Drogeneinflüsse, Entbindungen, Krankheiten, die das Bewusstsein beeinflussen (Meningitis z.B.), religiöser Wahn und spirituelle Experimente (Teufelskult, Okkultismus), um nur einige zu nennen.
Wenn wir uns einmal die Heilungsgeschichten von Jesus von Nazareth im Neuen Testament anschauen, so finden wir, dass die überwiegende Mehrheit von Besessenheit handelt. Ein besessener Mensch kann an allem möglichen leiden, je nachdem, in welche Bereiche hinein der fremde Geist seine Wirkung entfaltet. Im Körper ist es vor allem die Epilepsie, die immer eine Besessenheit zur Ursache hat. Die Milz reagiert auf der Körperebene, wenn fremde negative Geistwesen von uns Besitz ergreifen wollen oder es getan haben. Besessenheit erzeugt Geisteskrankheit, die nach dem Weltbild der Schulmedizin oft nicht heilbar sind (so z.B. Epilepsie, Schizophrenie), was natürlich nicht überrascht. Geisteskranke

können nur geistig geheilt werden. Besessene bedürfen auf irgendeine Weise eines Exorzismus, auch wenn dieses Wort sehr negativ besetzt ist.

Die Besessenheit zeigt sehr deutlich einige Grundzüge des Geistes: er ist offen, eine Art Tor, zu geistigen Dimensionen außerhalb von uns. So können wir z.B. im Traum Geistreisen unternehmen und tun das auch. Wir verlassen den Körper, der durch die anderen 6 Instanzen am Leben erhalten wird, und können Reisen zu anderen Orten und Dimensionen machen. Wenn wir gestorben sind, verlassen wir mit unseren sogenannten **Geistkörper**, einer geistigen Energiestruktur, unseren materiellen Körper, den wir auf der Erde zurück lassen. Auf geistigem Wege gelangen wir auch aus der göttlichen Welt in den Körper unserer Mutter, wenn wir erzeugt wurden und uns zu entwickeln beginnen.

Die buddhistische und überhaupt die asiatische spirituelle Welt kann uns über den Geist belehren: hier finden wir die Meditation, die fast ausschließlich der Versenkung in den Geist dient. Hier finden wir Gurus, die aufgrund geistiger Tätigkeit Dinge tun können, die anderen Menschen vollkommen unmöglich sind (Schweben, den Körper verlassen, über glühende Kohlen gehen, auf Nägeln schlafen, wochenlang hungern etc.). Das sind Phänomene der Macht des Geistes. Wir alle haben Anteil an dieser Macht. Zum Glück wissen es die Menschen nicht (mehr).

Im Geist können wir auch kommunizieren, und zwar mit allem Seienden, egal ob es belebt oder unbelebt ist. Im Geist können wir mit Steinen und Sternen kommunizieren, ebenso mit Tieren und Pflanzen. Der Geist bedarf keiner Sprache, weder Worte noch Bilder oder Symbole. Die Kommunikation auf der geistigen Ebene geschieht aufgrund von Er-*Kennen*. Wir kennen immer schon das Erkannte. Und das Erkannte kennt uns, weil wir im Geist mit einander verbunden sind. Vielen Menschen begegnet eine solche Kommunikation, vor allem mit der Natur, doch sie trauen meist der eigenen Wahrnehmung nicht. Bäume und Pflanzen versuchen ständig, mit uns auf diese Weise zu kommunizieren. Mit Tieren geht es vielen Menschen schon leichter, vor allem, wenn sie ihr Tier lieben. Dann entsteht eine geistige Verbindung.

Eine weitere Besonderheit des Geistes ist unser *geistiger Körper*. Wir haben nicht nur einen physischen, sondern auch einen sogenannten Astralkörper. Er besteht nicht aus Materie und ist nicht durch die 4 Elemente (Feuer, Wasser, Erde, Luft) geprägt. Dieser Körper besteht aus „Äther" (Arbeitsbegriff), dem von Aristoteles so genannten 5. Element. Es ist ein rein geistiges Element. Der Name Äther hat sich seit Aristoteles eingebürgert. Wir finden ihn in der indischen Ayurveda-Lehre ebenso wie in Rudolf Steiners „Anthroposophie". Wir können uns diesen Äther-Leib als unsere geistige Gestalt vorstellen, der auf der geistigen Ebene unsere Instanzen zusammenhält. Wir haben also auch auf der geistigen Ebene eine Gestalt. Mit diesem geistigen Körper können wir im und durch den Geist Reisen unternehmen, können im Schlaf unseren leiblichen Körper verlassen. In der Stunde unseres Todes verlassen wir mit unserem geistigen Körper den physischen.

Für den Traum hat der Geist eine große Bedeutung, weil alle spirituellen Träume aus ihm kommen und durch ihn wirken. Unser Leben beginnt und endet im Geist.

Einige freie Assoziationen zur bildlichen Beschreibung des Geistes:

Geistesblitz – plötzliche Erkenntnis – Atem – Wind – Hauch – Sturm – Tornado – Brise – elektrischer Strom – loderndes, verzehrendes Feuer – Brennglas – helles und ,dunkles' Licht – Eingebung – Besessenheit – Entrückung – David Copperfield fliegt...

Himmelsrichtung: Süd-Westen
Dominierende Elemente: Äther – Luft – Feuer
Zahlenwert: 7

8. Das Selbst

Über das Selbst weiß ich nicht viel zu berichten. Es ist gleichsam der „göttliche Funke" in uns, in welchem wir immer und überall mit unserem Schöpfer verbunden sind. Das Selbst ist unsere kosmische Identität, der rote Faden, der sich durch alle Inkarnationen zieht. Mit anderen Worten: Das Selbst ist unsere ewige Mitte, oder die Idee Gottes, das, was in allem Wandel bei sich selbst und als es selbst bleibt. Der griechische Philosoph Aristoteles hat ein wunderbares Wort erschaffen, das ich an dieser Stelle nutzen möchte: EN-TELECHIE – auf Deutsch: Das In-Sich-Selbst-Haben des Zieles. Ein besseres Wort für das Selbst habe ich noch nicht gefunden. Im Selbst ist unser Anfang und Ende und Weg als EINES beschlossen und immer gegenwärtig.

Das Kunstwort „Selbst" gibt es in der deutschen Sprache nicht als Substantiv, sondern nur als Bezugs-Wort (ich selbst; er/sie selbst...). Es kann sprachlich nicht für sich stehen, sondern zeigt immer nur auf etwas oder jemanden hin und bezeichnet die Eigenheit dieser Person näher.

Das Selbst ist verborgen und nicht weiter benennbar – wie der Schöpfer selbst. Es ist unsere nicht benennbare und nicht ver-*steh*-bare Mitte. Wir können uns unserem Selbst gegenüber nicht noch einmal in ein Verhältnis setzen, weil wir uns davon

85

nicht distanzieren können, auch nicht intellektuell. Das Selbst ist uns entzogen, weil wir es immer schon *sind*.

Um ein Bild zu gebrauchen: Das Selbst erscheint mir wir ein Atomkern, um den die Teilchen kreisen und der alles mit seiner unglaublichen Kraft zusammenhält.

Im Selbst ist unser tiefstes Wissen um unseren Lebensplan, um alle unsere Inkarnationen, um die Sinnhaftigkeit unseres Lebens, um unsere Aufgaben und Herausforderungen. Im Selbst – und scheinbar nur dort – wissen wir um den Schöpfer; wissen wir, wo wir herkommen und wo wir nach all den Inkarnationen wieder zurückkehren.

Anders als C. G. Jung glaube ich nicht, dass die großen Archetypen aus dem Unbewussten kommen, sondern aus dem Selbst.

Einige wirklich große Träume kommen aus dem Selbst oder sind von ihm inspiriert. Hier gibt es einen deutlichen Unterschied zu allen anderen Träumen. Wer einen oder mehrere Träume aus dem Selbst in seinem Leben erleben durfte, wird diese niemals wieder vergessen und immer mit großer Ehrfurcht und Ergriffenheit an dieses Traumgefühl zurückdenken. Später werde ich solche Beispiele unter der Überschrift „Großträume" geben.

Ähnlich dieser Traumerlebnisse kommen viele Gotteserfahrungen aus dem Selbst, nämlich solche, die unser ganzes Leben verändern. Wenn Menschen heil werden – nicht nur gesund –, dann geschieht das aus dem Selbst. Das jüdische Volk hat dafür seit alters her ein hebräisches Wort: *Schalom*. Dieses alte jüdische Wort für Frieden meint ein solches Heilsein, das aus der tiefsten Beziehung zum Schöpfer entsteht.

Das Selbst verbinde ich mit dem symbolischen Wert der Zahl 8.

9. Das System kommuniziert

In Anbetracht der Tatsache, dass alles Wirkliche fließt, müssen wir uns diese 8 Instanzen als ein dynamisches System, als ein Ganzes, vorstellen, das ständig gegenseitig auf die vielfältigste Weise aufeinander wirkt.

Meine einfache Skizze zeigt sehr deutlich, welche Instanzen jeweils so verbunden sind, dass ihre Verbindung durch das Selbst geht. Diese Verbindungen gewinnen eine besondere Energie und in unserer Persönlichkeit eine besondere Bedeutung.

Das **Ich-Bewusstsein ist mit der Seele durch das Selbst** verbunden. Diese Verbindung gewinnt dadurch eine ganz außerordentliche Bedeutung für uns Menschen. Das Ich-Bewusstsein ist sozusagen der Steuermann auf dem Schiff, während die Seele den Motorenraum symbolisieren mag. Ich und Seele brauchen, ja bedingen einander. Sie müssen unbedingt miteinander in Harmonie sein, sonst gerät das ganze System aus dem Gleichgewicht. Die Seele hat die Aufgabe, durch Übermittlung von Gefühlen und Stimmungen dem Ich-Bewusstsein die Lage und Situation des „Schiffs" anzuzeigen, während das Ich-Bewusstsein die Steuerung durch die Klippen des Lebens zu realisieren hat. Nur beide zusammen können das erfolgreich schaffen. Kommt es zu Störungen der Kommunikation, so ist das höchst gefährlich. Das Lebensschiff verliert seinen Kurs und kollidiert mit der Außenwelt.

Eine weitere Verbindung wird uns durch die **Achse zwischen dem Urtümlichen und dem Körper** angezeigt. Auch sie geht durch das Selbst und gewinnt dadurch eine besondere Energie. Der Körper ist die Instanz, mit welcher die Triebe des Urtümlichen ausgelebt werden. Kommt es zu einer Störung dieser Achse, so haben wir mit sexuellem Missbrauch, mit Perversion, mit Mord und Amoklauf zu rechnen. Die Triebe machen sich selbständig.

Ebenso gewinnt diese Achse für die Gesundheit eine besondere Bedeutung, denn der Körper selbst ist für das Urtümliche ein durch und durch symbolisches System, mit welchem die unbewussten Probleme ausgedrückt werden. Wenn wir unsere wirklichen Probleme verdrängen, so träumen wir nicht nur in Symbolen, sondern wir werden auch physisch krank. Das erkrankte Organ bzw. die Art der Krankheit kann uns – ganz vergleichbar mit dem Traum – das verdrängte Problem anzeigen.[30] Dieser wunderbare Zugang zu den verdrängten Problemen des Urtümlichen über den Körper ist nur sehr wenigen bekannt. Dabei bringt er so einfach und schnell Einsicht in die eigenen Probleme, vor allem auch dann, wenn Menschen wenig träumen oder sich nicht an die eigenen Träume erinnern. Es gibt also eine direkte, unvermittelte Verbindung von Urtümlichen und Körper. Deshalb manifestieren sich alle auf Dauer ins Urtümliche verdrängten Probleme direkt und ohne Vermittlung anderer Instanzen im Körper.

Die **Achse zwischen dem Geist und dem mentalen Zentrum** führt ebenso durch das Selbst und repräsentiert das Mächtigste, was wir Menschen überhaupt hervorbringen können. Wenn sich diese beiden Instanzen mit einander verbinden, so entsteht Erschaffen und Vernichten. Diese unvorstellbare mentale und spirituelle Macht muss die Bibel meinen, wenn sie davon spricht, dass Gott den Menschen zu seinem Bilde schuf.[31] Seit alters her waren alle wissenden Menschen um diese

---

[30] vgl. hierzu die Bücher von Louise L. Hay und Rüdiger Dahlke
[31] „Und Gott schuf den Menschen zu seinem Bilde, zum Bilde Gottes schuf er ihn; und schuf sie als Mann und Frau." 1.Mose 1, 27

Eigenschaft des Menschen besorgt, deshalb wurde das Wissen um diese Zusammenhänge als Geheimwissen verborgen und nur wenigen Eingeweihten zugänglich gemacht. Dem entspricht der alte Begriff der „Esoterik" – ein Wissen nur für Eingeweihte. Das mentale Zentrum hat durch die Vorstellungskraft die Macht des Erschaffens und Zerstörens, der Geist ist das Tor zur äußeren Welt und zu anderen Dimensionen. Auf diese Weise entsteht die mächtigste Verbindung, Stärke und Kraft, die wir uns überhaupt nur unter dem Begriff des Menschlichen vorstellen können.

Zuletzt waren es in unserem Kulturkreis die Tempelritter, die diesen Zusammenhang sehr bewusst und entschlossen kannten, instrumentalisierten und nutzten. Sie wurde nicht nur gleichsam über Nacht zur stärksten Macht im damaligen Abendland, sondern sie wurden auch verboten, verfolgt und ermordet, weil der Rest des Abendlandes begründete Angst vor dieser Macht hatte. Wir finden das Wissen um diese Achsenenergie in allen alten Kulturen, besonders auffällig im sogenannten Voodoo-Kult, wo Medizinmänner über Tausende Kilometer Entfernung andere Menschen heilen oder töten können. Hexen- und Teufelskulte haben sich zu allen Zeiten diese Energie zueigen gemacht und genutzt, ebenso alle Heiler und Wundertäter.

Auch wenn das Abendland seit dem Ausgang des Mittelalters kaum noch an eine solche hochenergetische Verbindung glaubt, so verwirklicht es dieses unentwegt. Der Leitsatz des modernen Abendlandes, angeführt durch die USA, lautet: anything goes – alles ist möglich. Und so ist es auch: Wenn wir die abendländische Geschichte verfolgen, so sehen wir: was immer Menschen wollten und sich vorstellen konnten, das wurde auch von ihnen erschaffen – zum Guten oder – wie leider meist – zum Bösen. In dieser Achsenverbindung ist wirklich alles möglich.

II.

GRUNDSÄTZLICHES ZUM TRAUM
UND SEINER DEUTUNG

Wie immer in unserem Leben so entscheidet auch bei der Traumdeutung die eigene *innere Einstellung* über die Auslegung und den Grad der Erkenntnis. Ich erwähnte bereits, dass die Wirklichkeit etwas Fließendes ist, wogegen wir abendländischen Menschen immer danach streben, etwas zu wissen und mit diesem Wissen der Dinge habhaft zu werden. Besonders für den Traum ist diese Grundhaltung schädlich. Am besten ist es, wenn wir alle unsere Theoriebildung in der Begegnung mit dem Traum über Bord werfen und vergessen. Das geht natürlich nicht, aber wir sollten uns darum bemühen. Ich empfehle eine *größtmögliche Vorurteilsfreiheit* in der Begegnung mit dem Traum. Je mehr wir im Vorfeld zu wissen glauben, desto schwieriger die Traumdeutung. Ich habe es mir zur Devise gemacht, an jeden Traum so heranzutreten als würde ich nichts über Traumdeutung wissen. Das fällt mir deshalb leicht, weil in der Tat jeder neue Traum ein ganz individuelles Gebilde ist, das mich immer wieder überrascht.

Wir sollten den Traum wie ein *eigenes Wesen* behandeln, wie ein *freies* Wesen. Jeder Versuch, über den Traum zu verfügen, lässt ihn sich zurückziehen, sich verstecken und sich schützen. Der Traum muss so sein dürfen, wie er sich uns zeigt, ohne vorangehende Bewertung oder Deutung.

Unserem Bewusstsein ist der eigene Traum etwas Fremdes, fremder als die Träume der anderen Menschen. Darin sehe ich auch eine Chance. Diese Fremdheit ist natürlich auch ein Verzicht auf eine vorschnelle Auslegung. Der Traum darf uns fremd sein, er unterstützt uns damit, ihm vorurteilsfrei zu begegnen.

Die hier in diesem Buch angebotenen Kategorien der Einordnung und Deutung sind nur etwas Vorläufiges, Fragwürdiges, eine Art Krücke, die niemals mit der Wahrheit an sich verwechselt werden dürfen. *Im Zweifelsfall sollten wir uns immer für den Traum und gegen die Theorie entscheiden.* Denn unsere Theorie ist etwas Einengendes. Wir brauchen sie, doch zugleich behindert sie uns auch. Der Traum repräsentiert einen riesigen Bereich der Wirklichkeit, für mein Verständnis alle Wirklichkeit, die nicht bewusst wahrgenommen wird – also weit über 90% aller Wirklichkeit. Wir sollten uns nicht anmaßen, etwas zu wissen über das Universum, von dem wir ein kleiner Teil sind. Doch wir dürfen darauf vertrauen, dass die Kommunikation mit unserem Traum einen tiefen Sinn enthüllt und uns weiterhilft.

Die Begegnung mit dem Traum sollte von Respekt, Ehrfurcht und Vertrauen geprägt sein.

Respekt verlangt der Traum wie ein Mensch, den wir lieben und wertschätzen. Wir sollten uns nicht über ihn stellen und aus einer arroganten Position des theoretischen Wissens über ihn urteilen.

Ehrfurcht verlangt der Traum, weil er ein direkter Kontakt mit dem Umfassenden ist, das wir sonst so direkt nicht wahrnehmen. Der Traum repräsentiert das Sein als Ganzes. Große Träume haben eine Art von Heiligkeit, die jeder verspürt, der einen solchen Traum einmal erleben durfte. In diesem Sinn ist der Traum wie eine erhabene Landschaft oder wie ein Meer – etwas so Großes, dass wir etwas noch Größeres spüren können, das uns begegnet.

Vertrauen sollten wir haben, da dieser Traum ja zu uns gehört, aus uns und zu uns kommt. Nur wir haben den wirklichen Schlüssel zur Erkenntnis unseres Traumes. So wie wir darauf vertrauen, dass wir mit unseren eigenen Beinen auch selber laufen können, so sollten wir darauf vertrauen, dass wir unsere eigenen Träume auch deuten und deren Botschaft erkennen können.

Träume können aus allen Instanzen der Persönlichkeit inspiriert sein. Nicht alle Träume haben einen psychologischen Sinn. Darin sehe ich den großen Unterschied zwischen der von mir gelehrten Traumdeutung und jener der Psychologie. Nach meinen Definitionen ist der Mensch weit mehr als „nur" eine Seele und der Traum repräsentiert weit mehr als nur die Begegnung mit den eigenen Problemen, Trieben und Wünschen. Wir können alle möglichen Träume haben, darunter auch viele spirituelle, von der sich unsere heutige Psychologie keine Vorstellung macht. Deshalb soll meine Theorie der menschlichen Persönlichkeit vor allem der Weitung des Weltbildes dienen. Je weiter und größer unser Weltbild ist, desto besser und wahrhaftiger können wir der Wahrheit unserer Träume begegnen.

In der Begegnung mit den Träumen werden wir gewahr, dass nicht alle Trauminhalte aufzulösen sind. Darum rate ich dringend, *den Traum nicht zu Tode zu analysieren*. Es gibt einen Punkt, da sollten wir es gut sein lassen und aufhören mit dem Analysieren. Diesen Punkt finden wir intuitiv, wenn wir dafür offen sind und nicht unter Druck stehen, alles bis ins Letzte zu deuten. Die Wahrheit des Traumes und seine Sprache in Symbolen sind oft viel zu komplex, um durch unser Bewusstsein ganz aufgelöst zu werden. Am geeigneten Punkt müssen wir auch aufhören können und die Analyse beenden, selbst wenn wir das Gefühl haben, nicht alles ans Licht des

Bewusstseins geholt zu haben. Da der Traum etwas sehr Dynamisches ist, dürfen wir immer wieder darauf hoffen, dass er weiter zu uns spricht. Der nächste Traum kommt bestimmt. Vor allem dann, wenn wir uns in unserem Bewusstsein bereit gemacht haben, über uns selbst zu lernen.

Die innere Bereitschaft, zu sich selbst radikal ehrlich zu sein, ist die wichtigste Bedingung der Traumdeutung – nicht die Theorie oder Methode. Wir sind sehr kritisch aufgewachsen. Den meisten Menschen ist diese Kritik und Selbstkritik nicht bewusst, schon deshalb nicht, weil es für sie vollkommen normal ist. Die Bewertungen in richtig und falsch, in gut und schlecht sind tief in unser mentales Zentrum eingebrannt worden, das ist sehr hinderlich – nicht nur bei der Deutung unserer Träume. Der Traum konfrontiert uns in den meisten Fällen mit verdrängten Problemen, er zeigt uns oft ein ganz anderes Bild unserer Person. Das ist für den Anfänger oft sehr peinlich und an der Grenze des Erträglichen. Es werden Seiten von uns offenbar, die wir lieber verschweigen und vergessen würden. In diesen Situationen zu sich selbst wirklich ehrlich und so gut es geht vorurteilsfrei zu sein – das ist das eigentlich Schwere und die wirkliche Herausforderung der Traumdeutung.

Ich habe die Erfahrung gemacht, dass die Verschlüsselung des Traumes proportional mit der Bereitschaft des Träumers abnimmt, sich selbst offen und ehrlich anzuschauen. Der Traum ist deshalb auch ein wunderbarer Weg, sich selbst anzunehmen. Er ist sozusagen ein Gradmesser der Selbstannahme. Wem es gelungen ist, sich selbst anzunehmen, dem wird der eigene Traum ein wunderbarer Freund und Begleiter sein.

Die folgenden Regeln habe ich mir zur Grundlage meiner Traumarbeit gemacht:

- Vertraue immer auf deinen Traum und darauf, dass du seine Botschaft erkennen kannst
- Verzichte so viel wie möglich auf Theorie
- Nimm alle Träume so vorurteilsfrei wie möglich an
- Gewinne eine schlichte und demütige Haltung dem Traum gegenüber
- Achte das Geheimnis des Traumes, denn es ist das Geheimnis des Umgreifenden
- Zwinge niemals deinen Traum mit Druck, zu dir zu sprechen. Lerne stattdessen, ihn freundlich zu bitten
- Denke immer daran: Nur der Träumer selbst hat den Schlüssel zur Deutung. Es ist sein/ihr Traum – niemand anders hat das Recht auf den Traum oder seine Deutung!
- Deute niemals fremde Träume ohne Erlaubnis und ohne den Träumer
- Stelle das Individuelle immer vor das Generelle, auch wenn es dich verwirrt
- Wenn du den Traum eines anderen Menschen deutest, versuche niemals, den Anderen von deiner Deutung zu *über*-zeugen. Es reicht, wenn du Zeuge bist von dem, was du erkennst.
- Wenn du einen Traum für einen anderen Menschen hast, dann teile diesem Menschen deinen Traum baldmöglichst mit.
- Der Traum lehrt dich, dein eigenes Bild der Welt und der Wirklichkeit zu erweitern. Also: lass dich erweitern, indem du dem Traum folgst und nicht denselben in dein kleines Weltbild zwängst.

III.

TRAUMARTEN

Im Folgenden stelle ich verschiedene Arten von Träumen vor. Ich habe versucht, alle Träume, die mir je begegnet sind, nach verschiedenen Kategorien und Kriterien zu ordnen. Dabei erhebe ich keinen Anspruch auf Vollständigkeit und ich weise noch einmal darauf hin, dass dieser Versuch einer Kategorisierung nur eine schwache Krücke sein kann, die wir so schnell wie möglich wieder wegwerfen sollten. Die Praxis hat mir gezeigt, dass oft verschiedene der von mir hier aufgeführten Träume *zugleich* vorkommen. Auch bei dieser Kategorisierung gilt: kein Entweder-Oder, sondern oft ein *Sowohl als Auch*. Dieses Phänomen hat es mir auch schwer gemacht, die Beispielträume genau zuzuordnen, da ein Traum öfter für mehrere Arten als Beispiel dienen kann. Kategorien und Systematisierungen sind ein Zugeständnis an unser bewusstes Ich, das nur auf diese Weise der Welt begegnen kann. Sie bedeuten nicht, dass auch die Wirklichkeit so ist, wie wir sie abbilden.

Körperträume

Im engeren Sinne sind Körperträume für mich solche, die durch körperliche Aktivitäten ausgelöst werden. In meiner Praxis sind solche Träume eher selten oder zumindest nicht so spektakulär, dass der Träumer in ihnen wichtige Botschaften vermutet. Sehr verbreitet sind Toilettenträume, in denen der Träumer im Traum einen starken Harndrang verspürt, vielleicht auch davon träumt, dass er es gerade noch so auf die Toilette schafft. Daraufhin wacht er in der Regel auf und spürt, dass er tatsächlich dringend die Blase entleeren muss. Ebenso häufig sind Träume, in denen wir aus irgendeiner Höhe herunterstürzen und plötzlich erstaunt auf dem Fußboden aufwachen, da wir wirklich aus dem Bett gefallen sind. Andere Träumer hören den Wecker im Schlaf klingen und träumen dann von Glocken, die läuten oder fremden Menschen, die draußen an der Wohnungstür klingen. Dabei wird das wirkliche Klingeln in Traumbildern verarbeitet. Solche Körperträume sind sehr leicht zu identifizieren bzw. sie erklären sich sofort von selbst, indem der Träumer gleich nach dem Erwachen einen klaren und deutlichen Zusammenhang mit dem eigenen Körper oder seiner physischen Wahrnehmung herstellen kann. Diese Träume sind relativ häufig, bedürfen aber keiner längeren Beschäftigung, da sie sich von selbst erklären.

Anders verhält es sich mit Träumen, in denen unser Körper bzw. dessen Teile oder Organe eine bestimmte Rolle spielen. Das können z.B. Träume sein, in denen wir von einer Krankheit träumen, die uns befallen hat. Oder wir träumen, dass uns ein Arm oder Bein fehlt, dass wir behindert sind oder dass irgendetwas anderes mit unserem Körper oder Teilen von ihm geschieht. Diese Träume sind bedeutungsvoll, da sie den Körper in seiner symbolischen Bedeutung verwenden.

Das Urtümliche nutzt den Körper in einer symbolischen Bedeutung. Verdrängte Probleme werden durch Körperteile angezeigt. Jedes Organ und jeder Teil unseres Körpers besitzt eine bzw. mehrere symbolische Bedeutungen für das Urtümliche. Der Volksmund ist voll von solchen Verbindungen. Wenn sich ein Mensch ärgert und schlecht gelaunt ist, dann sagen wir, ihm oder ihr ist eine *Laus über die Leber gelaufen*. Steigert sich die Aggression, dann reden wir vielleicht davon, dass er oder sie *Gift und Galle spuckt*. Der Leber- und Galle-Bereich symbolisiert verdrängte Aggression und Aggressivität. In anderen Zusammenhängen sprechen wir davon, dass uns *etwas an die Nieren geht*. Damit beschreiben wir in der Regel Erfahrungen, die uns emotional sehr betroffen und traurig machen. Die Nieren symbolisieren Erfahrungen des Liebesverlustes im weitesten Sinne. Die Niere mit ihrer Doppelpräsenz repräsentiert Beziehung, Ich und Du. Wenn wir an der Niere erkranken, dann fühlen wir uns unbewusst ungeliebt, vernachlässigt oder gar von liebenden Menschen, die uns sehr nahestehen, verlassen. Das sind nur Beispiele für einen sehr einfachen Zusammenhang zwischen dem Urtümlichen und der symbolischen Bedeutung von Körperteilen. Für das vertiefende Studium dieser Zusammenhänge und die Deutung von Körperträumen in diesem Sinne verweise ich auf mein Buch „Die Mentale Hausapotheke", das ich dringend als Ergänzung empfehle, da ich die gesamte Körpersymbolik hier nicht im Detail aufgreife.

Der abgeschossene Unterarm
Eine Frau träumte, dass sie an einem Bankschalter steht, wie wir ihn aus Western kennen. Sie steht vor dem Kassenschalter und lehnt ihre Arme auf die Brüstung. Hinter ihr steht eine andere Frau mit einem Gewehr. Während die Träumerin offenbar auf die Auszahlung ihres Geldes wartet, schießt die Frau, die hinter ihr steht, der Träumerin den rechten Unterarm

weg. Erschrocken starrt die Träumerin auf den Stumpf ihres restlichen Armes. Sie sieht, wie aus ihrem Ellenbogen ein alter, verwitterter Knochen herausragt und ist von diesem Anblick entsetzt.

Aus der Deutung ergab sich folgendes: Die Träumerin hatte kurz vor dem Traum eine langjährige Arbeitsstelle bei einem lukrativen großen Unternehmen gekündigt, weil sie sich dort nicht wohl und wertgeschätzt fühlte. Die Frau mit dem Gewehr ist eine Stellvertreterin für die Träumerin, sie schießt sich also selbst den Unterarm weg. Dieser steht symbolisch für unseren Welt-Bezug, also vornehmlich für unsere Arbeit und die Art, wie wir unseren Lebensunterhalt verdienen. Der Ellenbogen symbolisiert (wie alle Gelenke) unsere Fähigkeit zur Richtungsänderung. Das Alte an dem Knochenstumpf steht für ein altes Muster der Sturheit, welches die Träumerin lebenslang bedient. Der Traum zeigte der Träumerin, dass sie sich selbst mal wieder aufgrund ihrer eigenen Sturheit „abgeschossen" hatte, konkret: ihre sichere und lukrative Arbeitsstelle.

Anhand des Zusammenhanges zwischen Problemen, die wir ins Urtümliche verdrängen, und der körperlichen Symbolsprache, möchte ich noch einmal die **vollkommene Übereinstimmung von Schlaf- und Wachsymbolik** deutlich machen. Es ist eine vollkommen ungerechtfertigte Annahme, dass der Traum eine eigene, vom wachen Leben losgelöste Symbolsprache habe. Die Symbole kommen aus dem Urtümlichen und sie sind in gleicher Weise in unserem Wachleben aktiv. Für den Körpertraum bedeutet das: Ob ich von einer Krankheit an einem Körperorgan träume oder ob ich sie tatsächlich erschaffe und krank werde, bedeutet für das Urtümliche genau das gleiche. Es besteht kein Unterschied. Nur ist der Traum bedeutend gesünder als tatsächlich krank zu werden. Der Symbolgehalt ist aber derselbe.

Da wir die meiste Zeit unseres Lebens wach sind, sollte der Zusammenhang zwischen der urtümlichen Symbolsprache und den wachen Erfahrungen eine viel größere Bedeutung gewinnen. Der Körper ist hier nur ein, wenn auch sehr intensives und leicht zugängliches, Beispiel.

Alltagsträume

Diese sehr verbreiteten Träume haben ihren Ort fast immer im mentalen Zentrum. Sie verarbeiten Probleme, Erfahrungen, Erlebnisse, Wünsche und inneren Stress. Sie sind einfach zu verstehen, da sie kaum verschlüsselt sind. Der Alltagstraum zeigt uns ausschließlich Traumbilder- und Szenen, die wir aus unserem wachen Leben allzu gut kennen: der Arbeitsplatz, die Beziehung, Freunde – was auch immer. Unterbewusste Dinge werden hier in Traumbilder verarbeitet. Vor einer Prüfung träumt der Prüfling vielleicht von der Prüfungssituation, die mit großer Angst besetzt ist. Der Bauingenieur, dem in den nächsten Tagen eine große Abnahme der Baustelle bevorsteht, träumt vielleicht, wie er ganz allein auf der verlassenen Baustelle steht, auf der noch nicht eine einzige Wand zu sehen ist, woraufhin er in Panik gerät. Doch gleich nach dem Erwachen wird er seinen Traum verstehen und die Bilder werden ihn nicht verwundern.
Die Kriterien des Alltagstraumes sind, dass er immer mit einer Situation aus der alltäglichen, gegenwärtigen Lebenspraxis verbunden und wenig oder gar nicht verschlüsselt ist. Dem Träumer wird die Verbindung zur eigenen gegenwärtigen Lebenspraxis schnell bewusst. Es bedarf keiner weiteren Deutung.

Kompensatorische Träume

Sigmund Freud hat die Kompensation – im Sinne der Wunscherfüllung – zum Wesen des Traumes an sich gerechnet. Ich stimme dem zu, dass der Traum immer und grundsätzlich eine kompensatorische, also ausgleichende, Funktion hat. Wenn es nichts auszugleichen gäbe, bräuchten wir nicht zu träumen. Insofern stellt der Traum immer auch den Versuch dar, ein fehlendes Gleichgewicht wiederherzustellen. Anders als Freud sehe ich die kompensatorische Bedeutung des Traumes nicht nur in der Wunscherfüllung. In meiner Praxis sind Träume, in denen Wunscherfüllung eine dominante Rolle spielt, sogar eher untergeordnet. Ausgleichend kann also sehr viel bedeuten. Deshalb nenne ich einen Traum nur dann kompensatorisch im engeren Sinn, wenn klar und deutlich mit ihm ein fehlendes Gleichgewicht ausgeglichen werden soll.

Auch hier verweise ich auf die Übereinstimmung von Traum und Wachleben. So wie der Traum uns Kompensation bieten kann, so auch wache Phantasien.

Beispiel:
Ein junger Mann mit einem Entwicklungsrückstand von ca. 15 Jahren fand sich über viele Jahre in einer negativen sozialen Position: er hatte ständig Misserfolge, ließ sich oft von anderen ausnutzen, ihm mangelte es an wirklichen Freunden, an sexueller Beziehung und weiblicher Beachtung. Vor sich selbst und im Vergleich mit anderen konnte er sich nur als Versagen sehen. Er glich dieses tiefe Minderwertigkeitsgefühl durch Allmachtsphantasien aus, und das nicht nur im Traum. Oft versuchte er sich einzureden, dass die anderen ja nur Angst davor hätten, dass er an ihnen vorbeiziehen würde auf seiner ungeheuren Erfolgsschiene, die leider nicht real war. Solche kompensatorischen Gedanken, die sich in Größenwahnphantasien ergötzten, sollten ihn vom Schmerz

und von der Demütigung seiner wahren Situation ablenken. Sie waren ausschließlich kompensatorisch.

Auf diese Weise funktionieren auch viele Träume, die uns „*die andere Seite*" von uns zeigen, um auf diese Weise das fehlende Gleichgewicht wiederherzustellen. Dabei muss der Traum nicht immer nur eine fiktive Wirklichkeit aufzeigen, sondern er kann auch wichtige Aspekte unserer Wahrheit offenbaren.

Ein Manager zum Beispiel, der fest davon überzeugt ist, dass seine Familie seinen höchsten Wert im Leben repräsentiert, kann davon träumen, dass seine ganze Familie stirbt, einer nach dem anderen. Dieser Traum möchte ihn darauf hinweisen, dass er seine Familie aufgrund seines beruflichen Ehrgeizes und seiner Karrieresucht vollkommen vernachlässigt. Der Traum zeigt ihm die andere Seite, die er bewusst nicht sehen will.

Nicht nur auf der psychologischen Ebene gibt es kompensatorische Träume. Auch viele *spirituelle* Träume (siehe unten) sind von dieser Art. Das ist ein erstes schönes Beispiel für die Vermischung der Kategorien:

Trost in Trauer
Im Oktober 1999 starb plötzlich und vollkommen unvorbereitet unser Sohn. Mir fehlen die Worte, um meine seelische Situation damals zu beschreiben. Es war so unfassbar, so unvorstellbar, so abgrundtief traurig und verzweifelnd, dass ich beinahe den Verstand verloren hätte. In dieser vollkommen verzweifelten, schlimmsten Situation meines Lebens hatte ich nachts die schönsten Träume meines Lebens. Es waren eigentlich keine Träume im engeren Sinne, sondern eher spirituelle Zustände, in die ich versetzt wurde. Das Ausgleichende bestand in einem tiefen Gefühl von Liebe und Geborgenheit. Ich habe niemals in

meinem Leben Drogen genommen, doch diese Zustände stelle ich mir ähnlich einem wunderbaren „Trip" vor. Ich fühlte mich wie im Himmel, umgeben von Engeln, die ich nicht sah, aber intensiv fühlen konnte. Die positive Intensität meines Traumzustandes war so stark, dass es mir morgens geradezu peinlich war, weil mein „himmlisches" Gefühl so gar nicht zu der tragischen Situation passte.

Dieser Traum war ein realer Eingriff der spirituellen Welt und gehört deshalb auch zur Kategorie der spirituellen Träume. Zugleich kompensierte er die schlimmste Verzweiflung mit den schönsten und erhabensten Glücksgefühlen.
Ähnliche Beispiele wurden mir inzwischen auch von anderen Menschen berichtet, die in vergleichbaren Situationen waren. Alle mir bekannt gewordenen ähnlichen Beispiele waren spirituelle Kompensationen.

Wiederholungsträume

Wiederkehrende Träume zeigen uns ein langanhaltendes Problem an. Dabei kann sich die Gestalt des leitenden Traummotivs durchaus ändern, wobei der Kern des Motivs gleichbleibt. Der Träumer kennt dann diesen Traum schon. Oft kommen solche Träume über viele Jahre. Das zeigt das folgende eindrückliche Beispiel aus meiner Praxis:

Einberufung zum Militärdienst
Ein Mann träumte über einen Zeitraum von fast 10 Jahren immer wieder von seiner Einberufung zum Militärdienst. Die Handlung und die sie begleitenden Gefühle waren immer ähnlich: Er wurde gegen seinen Willen zum Militärdienst eingezogen. Immer wieder empfand er im Traum tiefen Widerstand, Wut und Trauer, die schließlich in Ergebung

102

mündeten. Letztendlich fügte er sich wieder und wieder in sein Schicksal. Noch im Traum erinnerte sich der Träumer, dass er ja bereits viele Male eingezogen wurde und gedient hatte. Das steigerte von Traum zu Traum seine Opposition, aber es half nichts: es geschah wieder und wieder. Seine Reaktionen gegen die Einberufung wurden massiver: Er nahm sich im Traum einen Anwalt, um gegen diese wiederholte Einberufung zu klagen. Er versuchte, mit einschlägigen Dokumenten nachzuweisen, dass er bereits viele Male gedient hatte. Aber es half alles nichts: Er musste wieder und wieder einrücken.

Der tiefe Sinn des Traumes bestand darin, dass der Träumer unbewusst seine eigene Familie als Militärdienst empfand und ein tiefer Wunsch bestand, diesen Dienst endlich zu beenden und die Familie zu verlassen. Im Urtümlichen gab es das Muster, dass der Familien- (=Militär) Dienst eine zeitlich begrenzte Angelegenheit sei, die wie eine Pflicht abgeleistet werden muss – aber auch ein zeitliches Ende hat. Das Schicksalhafte im Bild des Militärdienstes zeigte dem Träumer, dass es sich hier um eine Lebensaufgabe handelte, der er sich zu stellen hatte. Die Lösung dieses Problems konnte aber nicht aus dem Urtümlichen selbst kommen, sondern allein durch eine bewusste Entscheidung. Später trennte sich der Träumer von seiner Frau und seiner Familie und der Wiederholungstraum verschwand und kam niemals wieder.

Wiederholungsträume verlangen eine intensive Beachtung, weil sie uns auf ein meist wichtiges bestehendes Problem aufmerksam machen. Solange der Traum wiederkehrt, ist das Problem nicht gelöst oder die Aufgabe nicht bewältigt. Der Wiederholungstraum ist in der Regel immer eine große Lebenshilfe beim Verständnis und bei der Bewältigung bedeutender Probleme und Prozesse.

In meiner Praxis haben sich Wiederholungsträume eigentlich immer in Verbindung mit großen Lebensaufgaben gezeigt, an denen wir über viele Jahre arbeiten. Ganz besonders ist mir das Thema des Erwachsenwerdens und der Abkoppelung von der elterlichen Welt aufgefallen. Ich habe immer wieder Träumer, bei denen der Wiederholungscharakter zum Beispiel durch das elterliche Umfeld dargestellt wird. Der Träumer findet sich immer wieder im elterlichen Haus oder Dorf. Nach meiner Erfahrung ist dieses Loslassen der Kindheit mit all ihren differenzierten Problemfeldern ein oft gewähltes Thema des Wiederholungstraumes.

Traumreihen

Traumreihen sind Wiederholungsträume, die eine deutliche Entwicklung beinhalten. Anders als beim reinen Wiederholungstraum wiederholt sich nicht nur das Motiv, sondern es verändert, wächst und entwickelt sich.

Begegnung mit dem Schatten

Ein männlicher Träumer Mitte Dreißig träumte über mehrere Jahre eine Traumreihe, die ihn immer wieder in eine Konfrontation mit einem vermeintlich bösen Mann brachte. Im ersten Traum findet sich der Träumer vor einer Art Keller oder Gewölbe. Er weiß, dass da unten ein böser, bedrohlicher Mann versteckt ist. Obwohl er große Angst hat, steigt er die Treppe hinunter und schaut in diesen merkwürdigen Keller. Dort liegen Steine, Geröll und Müll wild durcheinander. Die Gänge erscheinen wie ein Labyrinth. Der böse Mann hat den Vorteil, sich darin auszukennen. Vielleicht beobachtet der Böse den Träumer sogar heimlich... Angst verstärkt sich. Der Träumer nimmt einen dicken Knüppel auf, eine Art Baselballschläger, um sich zu bewaffnen. Er geht ein paar Schritte in den Keller

104

hinein, wild entschlossen, zuzuschlagen, wenn es sein muss. Da auf einmal sieht er an der Wand den Schatten des bösen Mannes, wie er sich davonschleicht. Wird der Träumer hinterher gehen? Er erwacht voller Angst.

Der Traum kommt wieder, wobei sich die äußeren Gegebenheiten und Bilder verändern, doch das Thema bleibt: Der Träumer jagt den bösen Mann, wobei er immer nur den Schatten sieht. Aber von Traum zu Traum kommt der Träumer dem bösen Mann dichter auf die Spur. Der letzte Traum ging so: Wieder verfolgt der Träumer den bösen Mann, doch dieses Mal sehr selbstbewusst, ohne Angst. Er will ihn zur Strecke bringen. Er fühlt sich stark. Der Traum spielt zwischen Felsen oder in einer Art Felsenhöhle. Wieder der fliehende Schatten vor dem Träumer. Der Träumer, wild entschlossen, läuft dem Schatten hinterher, holt den Mann tatsächlich ein, greift ihn hart bei der Schulter – bereit zum Kampf, zur physischen Auseinandersetzung -. Der fliehende Mann hält an und dreht sich um. Vor dem Träumer steht ein gutaussehender, gütig blickender junger Mann. Mit offenen und klaren Augen schaut er dem Träumer freundlich ins Gesicht. Noch im Traum weiß der Träumer, dass er sich mit seinem eigenen Schatten versöhnt hat. Die Traumreihe war damit beendet.

Auch hier können wir die Kategorien nicht streng voneinander abgrenzen. Einige der Traumreihen würde ich auch zugleich als Großträume bezeichnen, weil die darin behandelten Themen von überragender Bedeutung für die Entwicklung des Träumers waren. Folgendes Beispiel mag das verdeutlichen:

Die Löwen-Reihe
1.Traum: *Die erwachenden Löwen*
Ein Mann träumte von einer Küche, in der ein riesiger Kühlschrank steht. Er öffnet den Kühlschrank und findet darin vier in großen Eisblöcken tiefgefrorene Löwenbabys. Er holt

die Eisblöcke heraus und legt sie auf einen großen Küchentisch. Der Träumer nimmt an, dass die Löwenbabys alle tot sind, sie müssen ja erfroren sein, schließlich sind wie tiefgefroren in Blöcken. Doch nach einer kurzen Weile tauen die Blöcke auf und die Löwenbabys beginnen, sich zu bewegen. Sie leben! Sie erwachen alle zum Leben. Der Träumer ist verwundert, aber auch ängstlich, schließlich sind es ja Raubtiere.

2.Traum: *Der Löwe mit der Maske*
Nach einigen Monaten kehrt der Löwentraum zurück. Jetzt findet sich der Träumer in einem großen Haus vor einer geräumigen Wohnung. Vor der Wohnung befindet sich ein durchsichtiges Gitter aus Metall mit einer Art offenem Fenster. Andere Menschen warnen den Träumer, nicht in die Wohnung zu gehen, da sich dort ein –gefährlicher? – Löwe aufhält. Neugierig und zugleich voller Angst schaut der Träumer durch das offene Gitterfenster und sucht den Löwen. Nichts zu sehen. Doch da: plötzlich erscheint ein großer, ausgewachsener Löwe aus dem Nebenzimmer auf den Träumer zukommend. Der Träumer traut seinen Augen kaum: Dieser Löwe hat ein Gesicht wie eine alte Dame, völlig weiß gepudert und geschminkt. Der Träumer ist verwundert und misstrauisch: Das ist eine Falle, ein wilder Löwe mit einem geschminkten Damengesicht – hier ist etwas ganz faul! Der Träumer spricht jetzt den Löwen an. Und in der Tat antwortet der Löwe höflich und gepflegt mit einer Frauenstimme. Der Träumer hat die Vermutung, dass der Löwe ihn durch die Tarnung als Frau in die Wohnung locken will, um dann gefressen zu werden. Er wagt voller Angst tatsächlich einen Schritt in die Wohnung auf den Löwen zu und verlässt die Deckung durch das schützende Gitter. Die Spannung steigt. Der Träumer erwacht, bevor er gefressen oder auch nur angegriffen wurde.

3.Traum: *Der Löwe und der Natur-Mann*
Nach ca. 1 Jahr träumte der Träumer den dritten und letzten Löwentraum: Nun findet sich der Träumer in einer wilden, natürlichen Landschaft wieder, eine Art Dschungel, der aber auch offene Landschaft bietet. Er geht allein und etwas ängstlich durch diesen Dschungel. Da trifft er auf einen Mann, der einen ausgewachsenen wilden Löwen neben sich hat, gleich einem Freund oder Haustier. Doch der Träumer weiß genau, dass dies ein wilder, urtümlicher Löwe ist. Zugleich oder gerade deshalb wundert sich der Träumer über die Friedfertigkeit, ja Freundschaft zwischen dem Mann und dem wilden Löwen. Der Mann winkt den Träumer freundlich heran und beide Männer gehen zusammen mit dem Löwen durch den Dschungel. Der Träumer hat große Angst und fürchtet bis zuletzt, dass der Löwe ihn angreifen könnte. Doch der tut das nicht. Der fremde Mann, der Träumer und der Löwe werden Freunde.

Diese drei Träume zeigen eine wunderbare Entwicklung auf. Der erste Traum von den erwachenden Löwenbabys zeigt dem Träumer, dass nun seine tierischen, wilden, männlich-zugreifenden Anteile zum Leben erwachen. Sie zeigten ebenfalls, dass er selbst diese Anteile „tiefgefroren" hatte. Im Traum hält der Träumer sie selbst für tot, für erfroren und ist verwundert, dass sie dennoch erwachen. Er hatte seine wilden, triebhaft-männlichen Anteile – wofür der Löwe als Symbol steht – „auf Eis" gelegt. In der Tat war dieser Träumer im wachen Leben bis dahin eher ein angepasster, ruhiger, kompromissbereiter und gutmütiger Mensch gewesen. Seine Aggressionen und Triebe hatte er stark verdrängt. Die Anzahl der 4 Babys symbolisiert die Ganzheit in diesem Traum. Ein Großtraum war das, weil die Löwenbabys wirklich erwacht waren in dieser Nacht, d.h. es war etwas Reales mit diesem

Mann geschehen, eine wirkliche Veränderung. Nun lebten diese Löwenbabys – und entwickelten sich.

Der zweite Löwentraum zeigt uns einen ausgewachsenen Löwen, der sich allerdings als Frau tarnt. Das entsprach sehr genau der Situation des Träumers: Er tarnte seine „Löwenanteile" mit seiner weiblichen Seite. Er war in der Tat ein „Frauenversteher" und „Warmduscher". Seine männlichen Anteile waren durch die Maske der Weiblichkeit getarnt und unterdrückt. Der Traum drückte diese Realität wunderbar aus.

Der dritte Traum schließlich vollendet die innere Entwicklung. Der Träumer hat sich mit seinem eigenen „wilden Mann" versöhnt, der den Löwen zum tierischen Freund hat. Der Löwe ist integriert. Der Träumer ist endlich zum wirklichen Mann geworden. Die Traumreihe endet.

Traumreihen sind ein wunderbarer Spiegel unserer inneren Entwicklung. Sie sind einzigartige Begleiter und sie gehören für mich zu den großen Schätzen unserer unergründlichen geistigen Wirklichkeit.

Albträume

Fast jeder Mensch hatte schon einmal einen Albtraum. So sind diese Träume sprichwörtlich geworden für jede Art von schlimmer Erfahrung. Ich widme diesem intensiven Traum eine eigene Kategorie, obwohl auch hier die Vermischung sehr deutlich wird. Einige Albträume sind zugleich spirituell, die meisten aber haben ihre Quelle im Urtümlichen. Eines ist allen Albträumen gemeinsam: *Sie zeigen uns ein großes und bedeutendes gegenwärtiges Problem unseres Lebens* auf, das wir bisher noch nicht ausreichend bewusst wahrgenommen haben. Die emotionale Intensität deutet auf die *hohe*

Dringlichkeit und große Energie dieses Problems hin. Wenn es sich um Probleme handelt, die wir über einen längeren Zeitpunkt ins Urtümliche verdrängt haben, dann staut sich dort psychische Energie auf, die sich im Albtraum entlädt. Der Albtraum ist ein Signal, das uns sehr nachdrücklich darauf hinweist, dass es *jetzt allerhöchste Zeit* ist, sich dem verdrängten Problem zu stellen. Deshalb folge ich immer und grundsätzlich der inneren Weisheit der Träume: Wenn sich ein Albtraum zeigt, dann versuche ich ganz konsequent, das dahinter liegende Problem ins Bewusstsein zu bringen, egal in welcher Situation sich der Träumer gerade befindet. Albträume sind gleichsam SOS-Zeichen aus dem Urtümlichen oder aus dem Geist. Sie verlangen besonders dringend nach Auflösung. Die große Angst zeigt uns zugleich an, dass der Widerstand gegen die Bewusstmachung ebenso groß und stark ist. Der Albtraum ist ein hochenergetischer Ausdruck des Kampfes zwischen einem andrängenden bedeutenden Problem und der Abwehr des Bewusstseins.

In meiner Praxis spielen Albträume eine große Rolle, denn manche Menschen, vor allem jene, die sich sonst wenig oder gar nicht an ihre Träume erinnern, haben in Krisensituation durchschlagende Albträume.

Vor einigen Jahren kam eine junge Frau im Alter von 21 Jahren zu mir. Sie berichtete mir von einem Albtraum, der sie seit 4 Wochen jede Nacht heimsuchte, so dass sie inzwischen beachtliche Schlafstörungen entwickelt hatte. Sie bat mich, mit ihr den Traum zu deuten, damit er endlich aufhöre und sie wieder Ruhe fände.
Aus der Deutung ergab sich für mich, dass das Grundproblem ein sexueller Missbrauch war, hinter dem eine problematische Familiensituation deutlich wurde. Obwohl die junge Frau mir gegenüber äußerst zurückhaltend blieb mit jeder Art von

Information, hatte die Deutung eine durchschlagende Energie. Am Tag nach der Deutung kam es zu einem vollkommenen Zusammenbruch der jungen Frau, sowohl körperlich als auch psychisch. Es stellte sich tatsächlich heraus, dass die Träumerin im Alter von 14 Jahren das erste Mal vergewaltigt wurde – außerhalb der Familie. Eine weitere Vergewaltigung folgte im Alter von 18 Jahren, ebenfalls außerhalb der Familie. Ich war der erste Mensch, mit dem die junge Frau, nun inzwischen 23 Jahre alt, überhaupt darüber sprach. Und auch diese Offenbarung kam nicht freiwillig, sondern ergab sich zwingend aus der Traumdeutung. Der Traum hörte schlagartig auf, da das andrängende Problem nun mit einem Mal ins Bewusstsein gestiegen war. Es folgte ein Selbstmordversuch, Einlieferung in die Psychiatrie und schließlich 2 Jahre Psychotherapie. Auch wenn der Selbstmordversuch natürlich eine sehr schlimme Reaktion des Bewusstseins auf das Problem waren, so hatte die Seele dieser jungen Frau durch den Albtraum entschieden, dass es jetzt Zeit war, dieses Problem bewusst zu bearbeiten, damit endlich Heilung einsetzen kann.

Die Flutwelle

Ein Mann träumte wieder und wieder von einer riesigen Flutwelle, die ihn bedrohte. Dieser Albtraum wiederholte mit unterschiedlichen Bildern immer dieselbe Grundsituation. Das Meer schwillt an (heute können wir uns das aufgrund der gigantischen Flutwelle Ende des Jahres 2004 in Asien gut vorstellen) und eine Flutwelle vernichtet mit enormer Gewalt alles Leben am Strand und in dessen Nähe. Mal gab es im Traum Flutwellen, die sich wie riesige Wände aufstellten, dann wieder schwoll das Meer einfach an und überschwemmte alles. Immer handelte sich um Todesangst. Der Träumer musste um sein Leben laufen und suchte Rettung auf Bergen oder Hügeln. Jedes Mal erwachte er schweißgebadet mit wirklicher

Todesangst. Diese Träume kamen über längere Zeit immer wieder.

Da dieser Traum sehr allgemein war und keine weiteren spezifischen Bilder, Symbole und Anhaltspunkte hergab, musste es sich um ein sehr allgemeines Problem handeln. Das Meer ist ein Ur-Symbol des Urtümlichen. Hier drängte etwas ganz Großes und Urtümliches an und bedrohte den Träumer. Die Flutwelle zeigte dem Träumer an, dass hier Kräfte am Werke sind, die in jedem Fall siegen werden und mit realer Vernichtung drohen, wenn er sich ihnen nicht beugt. Aus dem Urtümlichen wollte etwas aufsteigen.

Um das Bild der Flutwelle zu verstehen, können wir uns den Menschen zuwenden, die am Meer wohnen. Seit Urzeiten wurden dem Meer Opfer dargebracht. Wenn Fischer im Sturm umkamen, sprachen die Küstenbewohner davon, dass sich das Meer sein Opfer geholt hat. In der Antike wurde lebendige Menschen bewusst dem Meer geopfert, um es milde zu stimmen und auf diese Weise Fischfang und Seehandel gedeihen zu lassen.

Genau dasselbe musste nun auch der Träumer tun. Ich forderte ihn auf, herauszufinden, was er zu opfern habe, um die Bedrohung durch das Urtümliche abzuwenden. Denn auf der Achse Urtümliches – Körper wird leicht verständlich, dass es sich bei dieser Bedrohung um sehr massive Realitäten handelt, die uns im wahrsten Sinne des Wortes umbringen können und das auch tun, wenn wir nicht lern- und veränderungswillig sind.

Der Träumer fand heraus, was er zu opfern hatte. Aus seiner Kindheit gab es ein tief im mentalen Zentrum verwurzeltes Muster, nach welchem er immer der Gute, der Brave, der Höfliche, der Verständnisvolle und Beziehungsorientierte zu

111

sein hatte. Wir nannten dieses Muster „Herr Saubermann". Gemäß seinen negativen Glaubenssätzen waren diese Verhaltensweisen gleichsam die Bedingungen seiner Existenz. Der Albtraum konfrontierte ihn nun mit der Forderung des Urtümlichen, dieses Muster „dem Meer zu opfern", damit er weiter existieren kann. Der Träumer musste nun seine „Saubermann-Nummer" loslassen und die Triebe, Wünsche und Bedingungen seines Urtümlichen integrieren. Er musste auf der moralischen Ebene schuldig werden, Menschen verletzen, sich von seiner „anderen" Seite zeigen. Es kostete ihn Jahre, um den Bedingungen des Urtümlichen zu entsprechen. Es gelang ihm, sein altes Leben brach fast vollständig auseinander, er durchlebte schlimme Krisen - doch der Albtraum kam nie wieder.

Andere Albträume sind Erinnerungen an frühere Leben, vor allem an frühere brutale Todessituationen (Ermordung oder Unfälle). Ebenso können Albträume reale Begegnungen mit negativen spirituellen Wesen zum Inhalt haben. Der „normale" Albtraum jedoch hat fast immer ein hochenergetisches, aus dem Urtümlichen andrängendes Problem zum Inhalt.

Großträume

Wie der Name bereits anzeigt, handelt es sich hier um wirklich große und bedeutende Träume, die meist eine solche Gewalt und Wirkung haben, dass wir sie ein Leben lang in Erinnerung behalten. Großträume begleiten wichtige Entwicklungsschritte in unserem Leben, schicksalhafte Entscheidungen oder sie weisen uns auf Grenzsituation unseres Lebens hin.
Großträume treten meist während der großen Übergangsstadien in unserem Leben auf, z.B. in der Pubertät, wenn wir uns in der

Entwicklung vom Kind zum Erwachsenen befinden und später in Lebenskrisen, die wichtige Entscheidungen von uns verlangen. Oder während einer schicksalhaften Zeit großer Veränderungen. Großträume handeln von den wirklich großen Umbrüchen in unserem Leben wie Geburt, Erwachsenwerden, Loslassen von Menschen, Zeiten und Räumen, von großen Verwandlungen, vom Tod und den großen Zusammenhängen, die über unser irdisches Leben hinausreichen.

Großträume sind sehr selten und zeichnen sich durch eine starke Symbolkraft aus. Oft hebt uns der Großtraum auf eine besondere Perspektive oder er konfrontiert uns mit Ur-Ängsten oder dringend zu lösenden Grundproblemen von großem Ausmaß. Der Großtraum ist immer ein Schicksalstraum: er handelt von unserem Schicksal, das wir natürlich meist selbst mitsteuern können. Er ist von seiner Energie her gewaltig und beeindruckend, selbst wenn die Traumbilder das nicht immer hergeben. Die Traumstimmung ist stark. Jeder Mensch erkennt intuitiv den Großtraum an den starken Stimmungen und Gefühlen, die er bleibend produziert.

Der Großtraum in meiner Interpretation hat immer einen Bezug zum Selbst. Im Großtraum spricht das Selbst zu uns, mischt sich ein, zeigt uns eine Perspektive, eine Aufgabe, eine Entscheidungssituation. Oder das Selbst greift führend, leitend und lehrend ein. Das macht den Großtraum so einzigartig, so *merk-würdig* und kraftvoll. Im Großtraum geschieht tatsächlich etwas mit uns. Der Traum entwickelt seine stärkste Macht und Intensität, so dass selbst Menschen mit wenig Traumerfahrung diesen Traum als ein bleibendes Ereignis erleben und erinnern.

Der folgende Großtraum stammt von einem Mann, der zurzeit des Traumes Anfang 60 war. Der Traum ereignete sich während einer schweren Krankheit unter Fieber. Der Träumer berichtet mir den folgenden, auf den ersten Blick unscheinbaren Traum:

Die Lebenswanderung

Der Träumer findet sich in einem fremden (asiatischen?) Land in einer staubigen, kargen und wüstenartigen Landschaft. Er fühlt sich fremd hier. Der Weg steigt an und er gelangt in ein Dorf. Es scheint menschenleer zu sein. Auf der linken Seite sind Häuser, lange durchgehende Ställe. Er tritt in einen solchen langen Stall hinein. Auch dort sind weder Menschen noch Tiere zu sehen. Auf dem Boden allerdings liegen Flügel und Köpfe von weißen Hähnen ausgebreitet wie ein Fußbodenbelag. In kleinen Maschendrahtverschlägen haben die Bewohner (?) brodelndes Blut oder innere Organe gezüchtet. Dem Träumer erscheint dieses brodelnd blutige Etwas wie Futter – aber es sind immer noch keine lebendigen Wesen zu sehen. Der Anblick des blutig-brodelndes Etwas ekelt den Träumer und stößt ihn ab. Dann wendet er sich davon ab und geht in der Mitte des langen Stalles bergauf. So durchschreitet er viele Ställe, ohne auf Leben zu stoßen. Ganz am Ende des langen Stalles ist eine Tür. Er geht hindurch und gelangt in einen Gastraum. Dieser ist niedrig und mit Deckenbalken durchzogen. An einem Tisch sitzt ein ca. 50 Jahre altes Ehepaar, das den Träumer sehr herzlich und warm wie einen Bekannten oder Freund begrüßt. Die Frau umarmt den Träumer und fragt, wo er herkommt. Der Träumer antwortet, dass er ohne Gepäck und ohne Fotoapparat wandere, was die Frau schade findet. Sie schenkt ihm daraufhin eine kleine, goldfarbene Kamera und ermuntert ihn, damit zu fotografieren. Verwundert, doch sehr angenehm berührt von diesem herzlichen Empfang, geht der Träumer wieder zurück und durchschreitet die Ställe, dieses Mal in umgekehrter Richtung. Er erwacht völlig nassgeschwitzt, doch fühlt er sich klar und gut wie seit Jahren nicht mehr. Ein erhabenes Gefühl begleitet ihn, das noch Tage anhält.

Die Deutung offenbarte, dass dieser Traum ein Bild für das gesamte Leben des Träumers darstellte. Das Ankommen in einer fremden, staubigen, wüstenartigen Landschaft symbolisiert das Gefühl, hier in diesem Leben angekommen oder besser ausgesetzt worden zu sein. In der Tat war die Kindheit des Träumers – emotional betrachtet – wie eine karge Wüste: keine emotionale Zuwendung, Mutter und Vater beide gefühlskalt und unnahbar. Die Abwesenheit von Menschen im Traum symbolisierte ein tiefes unbewusstes Gefühl von Einsamkeit und Verlassenheit. Die weißen Hähne, deren Flügel und Köpfe auf dem Boden des Stalles lagen, waren in diesem Traum Bilder des Urtümlichen für die Kindheit, in der tatsächlich diese Tiere eine wichtige Rolle spielten. Das brodelnde Blut bzw. die nicht weiter zu definierenden blutigen inneren Organe stehen für die vielen seelischen Verletzung als Kind, die der Träumer erlebt hatte, die ihm aber nicht wirklich im Bewusstsein liegen. Wie wir sehen, spielen Menschen keine Rolle. Selbst die eigenen Verletzungen werden auf einer tierischen Ebene symbolisiert. Das Urtümliche zeigt in diesen Bildern die Entwicklungsebene auf, die hier betroffen ist. Ohne Menschlichkeit können wir selbst auch nicht im Vollsinne Mensch werden.

Das Leben selbst wird dem Träumer als ein Stall vorgeführt. Ein unmenschliches Umfeld. Die Menschwerdung ist im vollen Sinne (noch?) nicht geglückt. Das Leben ist im symbolischen Bild ein tierischer Stall. Der Lebensweg ist beschwerlich und steigt nach oben an.

Mit dem langen Stall endet auch das Leben selbst. Die Tür repräsentiert den Tod und das Durchschreiten in eine neue, andere, höhere Dimension. Der Gastraum ist ein Bild für die Existenz nach dem Tod. Der Träumer hatte in der Tat keinen

115

Lebenswillen mehr und spielte unbewusst mit dem Wunsch, zu sterben. Im Traum vollzieht er diesen Wunsch und gelangt in den Bereich „danach". Das Ehepaar dort entspricht in C. G. Jungs Kategorien dem archetypischen Bild der positiven Eltern. Auf der spirituellen Ebene bezeichne ich diese beiden Gestalten als Geistführer. Sie kommen in meiner Sicht des Traumes aus dem Selbst und sind nicht Kreationen der eigenen Seele. Die Frau schenkt dem Träumer einen Fotoapparat und ermuntert ihn, damit Fotos zu machen. Fotografieren ist ein Hobby des Träumers. Es repräsentiert sein Bedürfnis, Erfahrungen und Eindrücke festzuhalten. Darum geht es auch im Traum. Die freundliche Frau (Seelenführerin) ermuntert den Träumer, die eigenen Erfahrungen als wertvoll (goldene Kamera) zu betrachten und mehr davon mitzubringen. Das führt zur Umkehr des Träumers. Er geht zurück in sein irdisches Leben, gestärkt und ermuntert durch die Begegnung mit den Geistführern. Sein Leben bekommt durch den goldenen Fotoapparat einen neuen Sinn. Was bedeutet: Alle Erfahrungen, auch die schweren, haben einen tiefen und großen Sinn. Wir sollten nicht versuchen, diese Erfahrungen von uns abzustreifen, sondern ernst zu nehmen, wertzuschätzen, um sie schließlich mit in die andere Welt, die auf unser irdisches Leben folgt, mitzunehmen.

Der Träumer hatte mit diesem, von außen betrachtet, schlichten Traum, sein ganzes Leben durchwandert, angefangen von seiner Geburt bis über den Tod hinaus. Doch erst die spirituelle Begegnung mit den eigenen Geistführern ermuntert ihn wieder, in das eigene Leben zurückzukehren und weiter zu leben.
Der Traum selbst und seine Deutung hatte in der Tat eine wichtige Bedeutung für diesen Träumer. Bereits gleich nach dem Erwachen war sein Lebenswille enorm gestärkt.

Ich erinnere einen eigenen Großtraum aus meiner Pubertät. Ich muss 16 oder 17 Jahre alt gewesen sein, als ich folgenden Großtraum hatte:

Der alte Mann und der Berg
Ich befinde mich in einer lieblichen Landschaft. Die Sonne scheint, vor mir liegt ein großer Hügel oder Berg, der mit Birken bewachsen ist. Ich gehe auf diesen Berg zu und dort treffe ich einen sehr alten, weisen Mann, der mich ganz lieblich und freundlich anschaut. Er hat mich scheinbar schon erwartet. Der Alte steht links vor einer Art Schacht, der in den Berg hineinführt. Es erinnert mich an alte Weinberge, wo Türen oder Tore in den Berg tief hineinführen. Der Schacht ist mit einer Art Gartentür aus Zaunlatten zugedeckt. Der Alte lächelt mich freundlich an, öffnet diese Zaunlattentür, und gibt mir zu verstehen, dass es jetzt meine Aufgabe ist, in diesen Schacht in diesen Berg hinein oder durch ihn hindurch zu gehen. Ich habe vollstes Vertrauen zu diesem alten weisen Mann, schaue noch einmal in den blauen Himmel, sehe dort die Wolken im Sonnenlicht ziehen und höre von dem alten folgenden Orakelspruch:
„Die Sonne hält, was der Himmel verspricht". Ich nehme diesen Spruch mit hinein in diesen Berg, der Alte schließt wohl die Tür hinter mir und ich erwache.

Dieser Traum war mein Einstieg in das wirkliche Leben. Es war meine Aufgabe, diesen Berg zu durchwandern, mich hindurchzuarbeiten. Die liebliche Schönheit meiner jugendlichen Wiese verlassen und allein in den dunklen Gang hineingehen. Das war eine große Schwelle. Aber das Selbst gab mir einen weisen Begleiter zur Seite, der uraltes Lebenswissen symbolisierte und mir Vertrauen und Mut einflößte. Der Spruch, den er mir mitgab, verband Himmel und

Erde miteinander und stellte mein Schwellenerlebnis in einen höheren, in einen spirituellen Horizont.

Dieser Spruch spielte nach fast 25 Jahren noch einmal eine Rolle in meinem Leben. Er begegnete mir wieder, als mein Berg durchwandert war. Diesmal träumte nicht ich davon, sondern eine Frau, die liebend in mein Leben getreten war. Obwohl diese Frau nichts von diesem Traum aus meiner Jugend wusste, kam derselbe Spruch zu ihr als eine Art Vision. Sie wusste sofort, dass es mit mir zu tun hatte und informierte mich darüber. Mich traf beinahe der Schlag, als dieser Spruch nach so vielen Jahren von unerwarteter Seite wieder zu mir kam. Ich wusste aber auch sogleich, dass dieser Berg nun durchwandert war.

Spirituelle Träume

Diese Kategorie von Träumen findet in den modernen sogenannten wissenschaftlichen Traumbüchern keinen Eingang, weil es nicht dem gängigen Weltbild entspricht. Dennoch haben sehr viele Menschen spirituelle Träume, ohne es zu wissen oder zu glauben. Während der Großtraum immer mit dem Selbst verbunden ist und von ihm her auf uns wirkt, so der spirituelle Traum vom Geist her. In der ganzen Menschheitsgeschichte wurden die allermeisten Träume spirituell gedeutet, auch solche, die es sicher nicht immer waren. Heute verhält es sich umgekehrt: heute werden in wissenschaftlicher Sicht alle Träume als psychologisch gedeutet, aber nicht mehr spirituell. Im Folgenden versuche ich, einige Kriterien der Unterscheidung herauszuarbeiten, die es dem Träumer ermöglicht, den spirituellen Traum von anderen, oft psychologischen Träumen, zu unterscheiden. Auch hier wird sich wieder die typische Vermischung zeigen. Es wird nicht in jedem Fall gelingen, die verschiedenen Instanzen, die im Traum wirken, voneinander zu trennen.

Erscheinungen

Unter den spirituellen Träumen sind nach meiner Erfahrung die Erscheinungen am häufigsten. Dabei handelt es sich tatsächlich um die Erscheinung von anderen Wesenheiten, die über den Geist in unsere Persönlichkeit eindringen und sich uns zeigen. Erscheinungen sind also keine Einbildungen der Psyche, sondern wirkliche Begegnungen mit geistigen Wesen.

a) Erscheinung Verstorbener

Am häufigsten sind mir die Erscheinungen von Verstorbenen in meiner Praxis begegnet. Die meisten Menschen haben solche Erscheinungen schon einmal gehabt, doch sie sind sich meist dessen aufgrund des eingeschränkten Weltbildes nicht bewusst.

Es gibt einige einfache Kriterien, die eine Erscheinung eines Verstorbenen von anderen Träumen von Verstorbenen unterscheidet. Während der Verstorbene in anderen Träumen in der Regel Teil der Traumhandlung ist, redet und handelt als würde er am Leben sein, so zeigt sich der Verstorbene in einer Erscheinung meist passiv, still und zurückhaltend. Er oder sie kommt in den Traum gleichsam von außen hinein. Der Traum bildet eine Bühne oder einen Hintergrund, auf welchem der Verstorbene erscheint. Er oder sie ist aber nicht selbst Teil eines größeren Traumgeschehens. Meist redet der Verstorbene nur sehr wenig oder gar nicht. Oft sind es Gesten oder eine Mimik, mit der sich der Verstorbene versucht auszudrücken. In seltenen Fällen werden Botschaften übermittelt, die aber meist sehr kurz und prägnant sind.

Ein weiteres Phänomen trifft häufig zu: Der oder die Verstorbene erscheint verjüngt. Das trifft vor allem für Tote zu, die zum Zeitpunkt des Todes bereits alt oder älter waren. Ebenso können kleine Kinder altern und in der Erscheinung älter erscheinen als zu ihrem Todeszeitpunkt. Dieser Umstand ist aber bedeutend seltener als die Verjüngung der Alten.

Wenn ein Verstorbener erscheint, der sich verjüngt hat, dann wird damit angezeigt, dass dieser bereits in der anderen Welt angelangt ist. Es ist ein gutes Zeichen für denjenigen. Es muss einen besonderen Grund geben, warum uns der Tote erscheint. Oft versuchen die Verstorbenen uns etwas zu zeigen oder zu sagen, was für unser gegenwärtiges Leben wichtig ist. Sie kommen also weniger um ihretwillen, sondern um unseretwillen.

Wenn ein Verstorbener uns noch in dem Alter erscheint, in welcher er oder sie auch verstorben ist, so kann das anzeigen, dass diese Seele noch nicht den Weg in die andere Welt gefunden hat. Viele Verstorbene konnten diesen Übertritt von der Welt, in der wir leben, zu jener anderen, spirituellen Welt noch nicht vollziehen. Dann hängen sie sozusagen zwischen den beiden Welten fest, sind aber unserer Welt näher als der anderen. Eine solche Situation kann sehr schlimm sein für die verstorbene Seele. Verstorbene erscheinen uns dann in der Regel, weil sie von uns Hilfe erwarten. Sie möchten mit uns kommunizieren, weil sie dort in der Zwischenwelt keine Orientierung finden.

Ich selbst habe viele Erscheinungen von Verstorbenen gehabt und mir wurden im Laufe meiner Praxis auch viele berichtet. Nach meiner Erfahrung sind die *Verabschiedungen Sterbender* der häufigste Fall, den auch Menschen ohne große spirituelle Begabung wahrnehmen. Der Sterbende verlässt in der Stunde seines Todes den eigenen Körper und reist nun in seinem spirituellen Körper, um sich von sehr nahestehenden Menschen zu verabschieden. Der Tote gelangt über den Geist direkt in den Traum des anderen Menschen. Wenn der Träumer am Morgen erwacht, weiß er oder sie bereits, dass derjenige, der ihn oder sie besucht hat, verstorben ist.

Nachdem unser Sohn verstorben war, entwickelte sich im Freundes- und Familienkreis ein regelrechtes Netzwerk, da wir untereinander die Informationen über die verschiedenen Erscheinungen des Verstorbenen austauschten. Das ging so weit, dass mich eines Tages sogar unsere Hausärztin ansprach, weil auch sie eine Erscheinung unseres Sohnes hatte, die sie

121

allerdings sehr beunruhigte. Wir konnten durch die verschiedenen Erscheinungen ein ungefähres Bild gewinnen, wie lange die Reise unseres Sohnes in die andere Welt dauerte und wie es ihm zu ergehen schien. Nach zwei Jahren des Betens und Bangens erhielt mein Schwiegervater folgende Erscheinung geschenkt:

Die Indianer und der Enkelsohn

Er fand sich in einer lieblichen Landschaft auf einer Wiese. Dort war ein stattlicher Fluss. Auf der anderen Seite des Flusses sah er Indianer, die in typischen Ledersachen gekleidet waren und beeindruckenden Kopfschmuck trugen. Diese Indianer winkten ihm zu und sprachen in einer fremden Sprache auf ihn ein. Er glaubte, sie wollten ihn grüßen. Er empfand keine Angst, es war für ihn nur eine interessante, wenn auch fremde Begegnung. Wiederholt riefen die Indianer ihm etwas zu, das er nicht verstand. Nachdem die Indianer gegangen waren, kam unser Sohn, sein Enkel, in einem dunklen Anzug auf ihn zu und umarmte ihn warm und herzlich. Noch im Traum musste mein Schwiegervater vor Rührung weinen, weil er wusste, dass dies wahrhaftig sein Enkel war.

Die Indianer waren Boten aus der anderen Welt. Der Fluss zwischen meinem Schwiegervater und den Indianern symbolisierte die andere Welt. Wir haben in unserem Sprachgebrauch ähnliche Allegorien, z.B. „über den Jordan gehen" als Synonym für Tod und Sterben. Die darauffolgende Erscheinung zeigte uns allen, dass unser Sohn die Reise in die andere Welt erfolgreich geschafft hatte. Er meldete sich mit Hilfe der Indianer zurück, um es uns wissen zu lassen.

Eine Frau aus meiner Beratungspraxis hatte über Jahre Erscheinungen von ihrem verstorbenen Vater, der die Reise in die andere Welt noch nicht vollzogen hatte und Hilfe suchte bei

122

seiner spirituellen Tochter. Zuerst ängstigten diese Erscheinungen die Frau, was sehr verständlich ist, wenn nachts um 3 Uhr ein Verstorbener am Ende des Bettes steht. Mit der Zeit verstand die Frau es, mit dem Verstorbenen zu reden, ihn wie einen Lebenden zu belehren, dass er sich zum Licht zu wenden habe. Es half wirklich. Der Verstorbene konnte nach einer Weile tatsächlich die Reise in die andere Welt erfolgreich antreten und gehen. Die Erscheinungen sind seither nicht mehr wiedergekehrt.

Verstorbene bedürfen, um zu erscheinen, nicht immer einer Schlafsituation der Angehörigen. Ich bin einmal zu einem Hausbesuch gerufen worden, weil die gerade erst verstorbene Mutter von mehreren Angehörigen am Abendbrottisch sitzend wahrgenommen wurde. Unabhängig voneinander konnten sie die Mutter an ihrem alten Platz sitzen sehen und deutlich beschreiben. Es versetzte die Familie derart in Panik, dass ich gerufen wurde. Nach ca. 3 Tagen verschwanden die Erscheinungen, die Mutter konnte gehen.

Nicht nur Menschen, sondern auch verstorbene Tiere können uns erscheinen. So hatte ich den Fall in meiner Praxis, dass eine verstorbene Katze über lange Zeit in der Wohnung blieb, in der sie gelebt hatte. Diese Katze war sogar in der Lage, Geräusche zu erschaffen. Ihre Energien und Schwingungen wurden selbst von fremden Menschen wahrgenommen. Mehr als ein Mal wurde die Besitzerin der toten Katze von fremden Menschen gefragt, ob in der Wohnung eine Katze sei. Es bedurfte intensiver Reinigung und anderer mentaler Ausrichtungen, bis die tote Katze endlich die Wohnung verlies und in die andere Welt ging.

Verstorbene haben immer einen Grund, wenn sie uns erscheinen, sie tun das niemals so aus „Spaß". Ich habe den

Fall erlebt, dass Verstorbene versuchten, sich in das Leben der Lebenden einzumischen und ihre Entscheidungen zu beeinflussen.

Die Büste im Schloss
Eine Träumerin, die ich sehr gut kenne, eine ausgesprochen realistische Person, die immer mit beiden Beinen im Leben stand, berichtete mir folgendes Beispiel einer Erscheinung.
Die Dame lebte nach dem Krieg für kurze Zeit auf einem gräflichen Anwesen in Nord-Bayern. Sie war die persönliche Freundin des jungen Grafen, mit welchem sie gemeinsam während des Krieges an der Ostfront in einem Lazarett gedient hatte, sie als OP-Schwester, er als Arzt. Die bürgerliche Dame und den Grafen verband eine rein freundschaftliche Verbindung, ohne sexuelle Anziehung oder Heiratsabsichten.
Eines Abends wurde der Dame ein Zimmer zugewiesen, in welchem eine Büste des alten Grafen stand, dem bereits verstorbenen Vater des gräflichen Freundes. Nachts erwachte die Dame aufgrund eines enormen Druckes auf der Brust. Zu ihrem Schrecken spürte sie, wie sich die steinerne Büste des alten Grafen schwer, kalt und bedrohlich auf ihre Brust legte. Die Schwere und der Druck der Büste bereiteten der Dame erhebliche Atemprobleme. Dieser Vorgang wiederholte sich drei Mal, jeweils begleitet von Atemnot und Angstzuständen. In ihrer Verzweiflung suchte sie den Lichtschalter. Mit dem Einschalten des Lichtes verschwand die Erscheinung.

Die Träumerin interpretierte diese Erscheinung als Drohgebärde des verstorbenen Grafen gegen sich, um sie daran zu hindern, den jungen Grafen zu ehelichen.

b) Erscheinungen anderer geistiger Wesen

Uns können alle nur möglichen geistigen Wesenheiten erscheinen: Engel, Geist- und Lichtwesen ebenso wie dunkle, böse Wesenheiten, die uns bedrohen. Auch diese dunklen und bösen Wesen sind eigene Wirklichkeiten, die nicht aus der Tiefe unseres Urtümlichen kommen. Hier den Unterschied zu erspüren, wird für den Anfänger nicht immer leicht sein. Denn auch unsere eigenen Ängste können wahrhaft dämonische Traumwesen erschaffen, vor allem Mörder, Diebe, Einbrecher, mordende Soldaten oder wilde Tiere.

Die typische Erscheinung eines anderen Geistwesens, das nicht symbolischer Ausdruck unserer eigenen Energien und Vorstellungen ist, zeigt sich oft daran, dass wir *das Gesicht des Wesens nicht sehen können*. Egal ob diese Wesen positiver oder negativer Art sind, das Gesicht ist fast niemals zu sehen. Allein daran können wir sehen, dass es sich zumeist um eine wirkliche Erscheinung handelt.

Sehr gut belegt sind Erscheinungen von Engeln und Lichtwesen, wobei auch hier oft das Gefühl und die Stimmung der Anwesenheit überwiegt und nur selten fest umrissene Gestalten gesehen werden.
Leider ebenso häufig sind die Erscheinungen negativer Geistwesen, die oft als Schatten, dunkler, bedrohlicher Nebel oder nur als negative und böse Stimmung und Bedrohung wahrgenommen werden.

Die spektakulärste Erscheinung von Geistwesen ist mir bzw. einer von mir geleiteten Gruppe in der Negev-Wüste von Israel widerfahren. Im Mai 1996 führte ich dort in einem wunderschönen Wüstencamp ein spirituelles Seminar durch. Es diente dazu, die Teilnehmer zu unterstützen, die eigenen inneren Blockaden loszulassen und neue, positive Kraft für die eigene Entwicklung zu gewinnen. Da diese Wüste voller Steine ist, nutzte ich diese Steine für unsere Arbeit. Für jede erkannte eigene Blockade mussten die Teilnehmer einen Stein finden und mit sich herumtragen. Unweit des Camps war ein großer Krater aus Urzeiten, der wie ein erhabener Canyon aussah. Am vierten Seminartag hatte ich geplant, die Teilnehmer einzeln, jeder für sich, an den Rand des Kraters gehen zu lassen und mit lauten Worten des Loslassens jeden Stein einzeln in den Krater hinab zu werfen. Am Morgen dieses Tages teilte eine sehr sensitive Teilnehmerin folgenden Traum mit der Gruppe: (ich zitiere aus einem Brief, in welchem mir die Träumerin ihren Traum für dieses Buch zur Verfügung stellte)

Die Schwarzen Gestalten kommen
„Ich stand im Traum aufrecht auf dem großen Stein (am Krater) und schaute um mich. Plötzlich wurde mir unheimlich. Rechts schräg hinter mir schien mich etwas zu bedrohen. Vor mir und links von mir war alles ruhig in schönes Wüstengelb und zartes junges friedliches Grün gefärbt. Ich fühlte dort auch Wesenheiten, sie schauten neutral zu. Ich schaute rechts hinter mich und sah grau-braun-schwarz gekleidete Wesen mit Stricken um den Leib, die mich an Mönche erinnerten. Sie waren ohne Gesichter und bewegten sich auf mich zu (Sie kamen aus dem Krater gekrochen und bewegten sich auf unser Camp zu). Ich fühlte, von ihnen drohte Lebensgefahr. Sie sammelten sich und bedrohten mich. Zunächst dachte ich: ,Was wollt ihr von mir? Ich habe doch nichts getan!' Doch sie kamen immer näher. Mich überfiel Panik und ich konnte mich nicht rühren. Schließlich schrie ich in Gedanken – denn ich brachte keinen Ton heraus -: Hilf, Vater, Vater hilf!, bitte Licht, Licht !!! – Das Licht kam in einem wundervollen goldenen Lichtstrahl, wie Sonnenlicht zuerst und es wurde immer heller, ganz weißgolden. Es strahlte an die Seite, von

126

der die Gefahr drohte. Die dunklen Gestalten wurden von dem Licht aufgelöst. Das Licht hob mich, so schien mir, hoch. Es war auch unter mir. Es hüllte mich schließlich ganz ein. Ich weiß, es kam vom Ewigen Vater, von Gott, und Gott war ganz nah, in mir und um mich und um uns. Ich durfte die Gnade Gottes erleben, und ich fühle gerade jetzt, beim Aufschreiben des Traumes wieder ganz, ganz tiefe Dankbarkeit für diese Erfahrung."

Soweit der Originalbericht der Träumerin. An dem Tag nach diesem Traum verwirklichte ich den Plan und ließ die Teilnehmer die mit negativer Energie der Blockaden vollbeladenen Steine in den Abgrund des Kraters werfen. In jenen Krater, aus welchem die dunklen, bedrohlichen Wesen des Traumes entstiegen waren. In der darauffolgenden Nacht geschah dann an uns allen das, was die Träumerin in ihrer Vision gesehen hatte: Die dunklen Geistwesen kamen aus dem Krater gekrochen und strömten in unser Camp. Angst breitete sich aus unter uns Menschen. Die vielen Tiere im Camp – es waren mindestens 3 Hunde und zwei Esel – drehten völlig durch. Die ganze Nacht über jagten die Hunde laut bellend durch das Camp, um die Geistwesen zu vertreiben. Tiere spüren diese Wesen besonders intensiv, vielleicht können sie Geister sogar sehen. Keiner von uns wagte sich in dieser Nacht aus seinem Zelt. Niemand fand Schlaf. Erst im Morgengrauen kehrte Ruhe ein. Als wir am Morgen bei Tageslicht das große Zelt sahen, in welchem wir tagsüber unsere Arbeit verrichteten, bekamen wir einen grausigen Schreck. Die Hunde hatten das ganze Zelt zerbissen, alle Matratzen, Decken und Kissen waren kaputt. Die Zeltplane war abgerissen. Die Hunde hatten das Lager nur verteidigt. Gegen die Geister. Seit dieser Erfahrung habe ich nie wieder ein Seminar in der Wüste abgehalten.

127

Aus meiner Beratungspraxis sind mir noch viele andere Fälle von geistigen Erscheinungen bekannt. In allen anderen Kulturen sind solche Erfahrungen Allgemeingut und gelten als Selbstverständlichkeit. Dennoch sind sie nicht an der Tagesordnung und bilden quantitativ nur einen kleinen Teil der normalen Traumarbeit.

Grundsätzlich gilt:
Uns können alle nur möglichen geistigen Wesen erscheinen, solche, die wir kennen und noch vielmehr solche, die wir nicht kennen oder nicht einmal für möglich halten.
Für den Fall negativer Bedrohung rate ich immer zum Gebet direkt zum Schöpfer, zu Gott. Auch die Visualisierung eines schützenden Lichtkreises hilft gegen negative Wesen.
In spirituellen Dingen ist es sehr wichtig zu wissen, dass die Hilfe durch die lichtvolle Seite meist erst dann eintritt, wenn wir ausdrücklich darum bitten. Das mag verwunderlich sein, aber das ist die durchgängige Erfahrung. Das oben zitierte Traumbeispiel zeigt dies auch sehr deutlich. Hier besteht oft kein Automatismus, was viele Menschen, vor allem gläubige Christen, oft verwundert und auch enttäuscht. Ich rate deshalb allen Träumerinnen und Träumern, so schnell wie es geht selbst aktiv zu werden und Gott intensiv um Licht und Schutz zu bitten. Diese Bitte wurde bisher in allen mir bekannten Fällen erhört. Ohne die eigene aktive Hinwendung zu Gott kann es zu sehr unangenehmen, angsterfüllten Erfahrungen kommen, die sogar eine Art Trauma nach sich ziehen können. Im schlimmsten Fall kann es zu Besessenheit kommen. Dazu ist aber meist eine besondere Konstitution und Situation des Träumers nötig.

Prophetische Träume

Prophetische Träume sind oft sehr schwer zu identifizieren. Wie alle Prophetie zeigt sich die Wahrheit und Wirklichkeit solcher Träume immer erst nachträglich, wenn das Geträumte auch eingetreten ist. Es gibt ganz ohne jeden Zweifel prophetische Träume, mir sind einige berichtet worden. Auffallend dabei ist, dass fast alle prophetischen Träume negative Voraussagen enthalten. In meiner Praxis habe ich keinen einzigen Fall von positiver Prophetie erlebt. Aufgrund des meist negativen Charakters und in Anbetracht der Tatsache, dass heute kaum jemand an Prophetie glaubt, werden solche Träume leider viel zu selten weitergegeben. Das ist schade, weil vielleicht in dem einen oder anderen Fall Missgeschicke vermieden oder sogar Leben gerettet werden könnten.

Nach meiner Erfahrung treten prophetische Träume eher plötzlich und unvermittelt auf, meist vergehen sie auch wieder auf diese Weise. Es trifft oft „ganz normale Menschen", die sich vielleicht niemals mit Träumen oder Prophetie beschäftigt haben. Oder diese Träume treten nur in einer bestimmten Lebensepoche auf.

Eine Träumerin berichtete mir, dass sie nur in der Pubertät prophetische Träume hatte, die durchweg negative Voraussagen enthielten, die sich auf die Stadt bezogen, in der die Frau damals als Jugendliche lebte. Alle Träume erfüllten sich. Sie las meist die Ergebnisse in der Tageszeitung, was die damals 16 oder 17-jährige schwer verunsicherte. So plötzlich, wie diese Träume kamen, verließen sie auch die Träumerin, ohne jemals wiederzukommen.

Grundsätzlich ist der prophetische Traum nur sehr schwer von anderen, „normalen" Träumen zu unterscheiden. Einige sehr spärliche Kriterien sind vor allem:

das intensive Gefühl nach dem Erwachen. Etwas fühlt sich anders an als bei „normalen" Träumen. Vielleicht ist es eine innere Unruhe oder ein besonders intensives Gefühl

in der Regel betrifft die Prophetie andere Menschen. So entsteht nach dem Erwachen ein Bedürfnis, diesen Traum dem Anderen oder den Anderen mitzuteilen, vielleicht sie zu warnen.

Der prophetische Traum hat immer Anhalt an der Alltagswirklichkeit. Die Prophetie erscheint dem Träumer durchaus realistisch.

Visionen

In unserer Kultur fehlt fast vollkommen ein kollektives Bewusstsein für Visionen, was auch dazu führt, dass sie sehr selten vorkommen.

Die Indianer dagegen haben traditionell ein sehr ausgeprägtes Bewusstsein für Visionen. Sie gehen speziell auf Visionssuche, bitten die Geistwesen und den Schöpfer um Visionen. Indianer lassen sich von Visionen durch ihr Leben leiten. Die damit verbundene kollektive Erwartung des Eintretens von Visionen macht deren Häufigkeit verständlich.

Eine Vision ist eine spirituelle Botschaft, die in der Regel der Entschlüsselung bedarf. Auch hat eine Vision prophetischen Charakter, sie bezieht sich auf die Zukunft. Doch während die Prophetie das Geschehen klar und deutlich zeigt, haben Visionen sehr unterschiedliche Gestalten und zeigen sich oft nur in verschlüsselten Bildern und Symbolen. In der Bibel finden wir Visionen, die als „Gesichte" bezeichnet wurden. Menschen sehen etwas, das jedoch der Interpretation bedarf.

130

In Visionen können sich alle möglichen Elemente hineinmischen: Verstorbene, Geistwesen, Symbole aus dem Urtümlichen, Stimmungen, Farben, Gerüche, Landschaften, fremde und unbekannte Zeichen.

In einem meiner Seminare arbeite ich mit Visionen. Während einer Traumreise bitte ich die Geistführer der Menschen, ihnen Zeichen und Symbole zur Verfügung zu stellen, die ihnen helfen, ihre Aufgabe besser zu bewältigen oder Informationen zu bekommen, die sie dringend benötigen. Oft teilen mir die Teilnehmer anschließend einige dieser Symbole mit und fragen mich um Rat. Manche kann ich deuten, andere sind auch mir total fremd. Einige entstammen fremden Kulturen. Diese Symbole und Zeichen haben durchaus Visionscharakter, an ihnen können wir viel über Visionen lernen.

Eine Vision bedeutet oft den Beginn einer „Gralssuche" – ein Bild, das aus den Sagen um König Artus entnommen ist. Uns wird ein Zeichen, ein Symbol oder eine verschlüsselte Nachricht zuteil – und nun beginnen wir zu forschen. Wir machen uns auf den Weg, wir lassen uns leiten und anleiten. Eine Vision führt uns zu etwas hin, das wir noch nicht kennen. Eine Vision bedarf der Arbeit, der Suche, des Losgehens. Sie steht am Beginn eines Prozesses. Eine Vision ist eine Art Startschuss. In diesem Sinne verwenden wir noch heute umgangssprachlich das Wort „Vision".

Nach meiner Erfahrung ereignen sich Visionen eher seltener im Schlaf als vielmehr in meditativen Zuständen. Dabei gilt die Grundregel: **Die Vision erkennt sich selbst.** Wer eine Vision hat, der weiß das intuitiv. Das heißt noch lange nicht, dass derjenige nun auch weiß, was die Vision meint und was nun zu tun ist. Oft werfen Visionen erst einmal mehr Fragen auf als dass sie Antworten geben.

Astralreisen

Während bestimmter Träume geschieht es, dass wir unseren physischen Körper auf dem geistigen Wege verlassen und andere Dimensionen oder Orte besuchen. Wir gehen dann ganz real auf Reisen. Solche Astralreisen sind nicht nur Träume, sondern reale Vorgänge auf der geistigen Ebene. Aufgrund der mindestens Achtfältigkeit unserer Persönlichkeit ist es sogar möglich, während das Urtümliche einen „normalen" Traum produziert, mit dem Geist auf eine Astralreise zu gehen. Wir können also „normal" träumen und zugleich auf eine Astralreise gehen – jeweils mit einem anderen Teil unserer Persönlichkeit. So kommt es, dass wir uns in der Regel an die wenigsten Astralreise erinnern können, weil sie von anderen Träumen überlagert sind.

Während meiner Seminare geschehen oft Astralreisen, wobei die Teilnehmer dabei nicht wirklich schlafen, sondern sich im sogenannten „Alpha-Zustand" befinden, also jenen Bereich zwischen Wachen und Schlafen, wo wir stark mit unserem mentalen Zentrum verbunden sind. Ich nenne diese Art der Meditation Traumreisen. Solche Traumreisen gehören zum Grundbestand meiner Arbeit. Immer wieder machen Menschen dabei überraschende und manchmal auch schockierende Erfahrungen. Der Schock liegt nicht an der Negativität des Erlebten, sondern an der totalen und absoluten Andersartigkeit dieser Erfahrung.

Ich erinnere mich lebhaft an einen sehr rationalen, technisch-naturwissenschaftlich ausgerichteten Mann mittleren Alters. Er hielt sich für einen eingefleischten ‚Realisten'. Während einer Traumreise am dritten Tag meines Seminars verließ er tatsächlichen seinen Körper und reiste in eine ferne Dimension. Wir brauchten lange, um ihn wieder zurück in unsere Realität zu holen. Er kam schockiert zu sich und berichtete der Gruppe, dass er sehr weit weg gewesen sein in einer anderen Dimension des Universums. Dort habe es verschiedene intensive Farben gegeben und auch andere Wesen, die sich im Raum bewegten. Er war ebenso beglückt und „high" wie auch abgrundtief schockiert von dieser Erfahrung. Dieser Eindruck hielt noch wochenlang an. Diese Astralreise hat das ganze Weltbild dieses Mannes verändert.

Wenn Menschen sich ihrer eigenen Spiritualität bewusst geworden sind und diese aktiv gestalten und leben, dann ist es in der Regel auch leichter, Astralreisen bewusst wahrzunehmen oder zu erinnern.

In den letzten Jahren haben sich in meiner Arbeit Rückmeldungen von Teilnehmern meiner Seminare gehäuft, die sich für meine nächtlichen Besuche bedanken. Es kommt immer öfter vor, dass ich nachts geistig zu Menschen reise, die meine Unterstützung benötigen. Leider ist es mir noch nicht möglich, diese Reisen auch bewusst wahrzunehmen. Ich fühle nur am Morgen, dass ich während der Nacht intensiv gearbeitet habe. Meist erwache ich müde und zerschlagen, als hätte ich die ganze Nacht durchgemacht.

Astralreisen hinterlassen oft nach dem Erwachen ein tiefes Gefühl, weit weg gewesen zu sein. Oft sind sie verbunden mit der Erfahrung anderer Dimensionen. In mancher Hinsicht ist die Rückkehr von einer Astralreise vergleichbar mit der Heimkehr von einer normalen Reise: wir brauchen erst einmal unsere Zeit, um uns wieder zu Hause einzuleben. Im ersten Moment ist uns unser vertrautes Umfeld etwas fremd.

Erinnerungen an frühere Leben

Es ist eine naive Illusion anzunehmen, dass wir nur ein Mal leben. Auch wenn unser modernes Weltbild nicht mehr zulässt als dieses eine Mal, so ändert das nichts daran, dass wir sehr viele Male leben in den verschiedensten Inkarnationen. Der antike Philosoph Platon ging davon aus, dass eine einzelne Seele 10 000 Mal wiedergeboren wird, bis der Kreislauf vollendet ist. Für diese Zahl möchte ich mich nicht verbürgen, aber ich weiß, dass es sehr viele Male sind. Alle Menschen ohne Unterschied sind davon in irgendeiner Weise betroffen. Frühere Leben bedeuten nicht nur, dass wir immer als Menschen gelebt haben. Wir können Inkarnationen als Tiere und Pflanzen hinter uns haben. Wir können von anderen Planeten, aus anderen Dimensionen kommen – alles ist möglich. Ich habe Menschen kennen gelernt, die unzählige Menschenleben hinter sich hatten. Es sind alte Seelen, weise und wissende Menschen, die viel Lebenswissen in dieses Leben mitgebracht haben. Dann bin ich Menschen begegnet, die zum ersten Mal auf diesem Planeten hier sind und noch niemals zuvor als Menschen hier gelebt haben. Besonders ein Mann hat mich beeindruckt, weil er seine ganze Kindheit hindurch felsenfest behauptet hatte, dass er nicht von hier sei. Mit einer dem Kinde eigenen naiven Selbstverständlichkeit bestand er darauf, nicht von dieser Welt zu sein. Gott sei Dank hat er als Erwachsener wieder zurück gefunden zu dieser Gewissheit.
Wo immer wir herkommen, was immer wir früher gelebt und erlebt haben – es ist in uns gespeichert. Ab und zu kommt es deshalb vor, dass dieser gigantische Speicher Informationen freigibt, die sich als Traumbilder zeigen können.

Ein wichtiges Kriterium für solche Erinnerungen aus früheren Leben bildet der historische Kontext, in welchem wir durch den Traum gestellt werden. Der „normale" Traum hat als Bühne und Hintergrund fast immer Bilder aus unserem jetzigen Leben – Kindheitsbilder zum Beispiel. Das Urtümliche nutzt auch oft Landschaften, die wir so vielleicht noch niemals gesehen haben. Ausgesprochen selten werden für den „normalen" Traum historische Bilder verwendet. Wenn dies geschieht, dann könnte darin ein Hinweis auf ein früheres Leben sein. Meist sind mit diesen Bildern intensive Gefühle des Vertrautseins verbunden. Der Träumer kann im Traum auch ein anderes Geschlecht haben, eine andere Sprache sprechen oder Dinge tun, die er oder sie niemals gelernt hat. Oft erscheinen nur Bruchstücke solcher Bilder, die nicht in eine längere Traumhandlung eingebettet sind. Manchmal sind es die Details, die einen klaren Hinweis auf die Zeit oder den Ort oder die Kultur eines früheren Lebens geben: Waffen, Kleidung, Gebäude, Landschaften oder Nahrungsmittel. Ebenso kann es vorkommen, dass wir Bilder von einem noch künftigen Leben im Traum erhalten. Hier gilt dasselbe: in der Regel sind sie nur kurz und betreffen nur eine Szene.

Erinnerungen an frühere Leben kommen nicht zufällig zu uns, sondern sie haben immer eine Verbindung zur momentanen Lebenssituation, meist zu einem Problem, dass vom Träumer zurzeit bearbeitet wird und was seinen Ursprung in einem anderen, früheren Leben hat.

Besonders Kinder haben relativ häufig Erinnerungsträume an frühere Leben. Dabei spielen entweder sehr angenehme Erfahrungen eine Rolle oder der letzte Tod wird immer wieder geträumt, besonders wenn er traumatisch erlebt wurde. Diese Todesträume können über Jahre immer wieder kehren, spätestens am Ende der Pubertät verlassen sie den Träumer.
Ich erinnere mich auch an einen Traum von meinem letzten Tod. Als ich 7 oder 8 Jahre alt war hatte ich folgenden Traum:

Die Hinrichtung

Ich sitze in einem Armee-Kübelwagen der Nazis. Es ist Nacht.
Wir fahren durch eine große Stadt. Der Wagen hält, ich werde
nach draußen gestoßen. Wir befinden uns unter einer großen
Eisenbahnbrücke, vielleicht in einem Industriegebiet? Das
Kopfsteinpflaster glänzt im matten Laternenlicht, es muss
geregnet haben, das Pflaster ist feucht. Ich werde mit dem
Rücken an eine Wand aus Ziegelsteinen unter der Brücke
gestellt. Ein Mann richtet eine Pistole auf mich und erschießt
mich. Mit dem Schuss wird mir schwarz vor den Augen. Ich
uriniere und erwache im wahrsten Sinne zu Tode erschrocken.
Dabei stelle ich fest, dass ich tatsächlich eingenässt habe. Das
einzige mir bewusste Mal als Kind.

In diesem Alter hatte ich noch keine oder wenige
Informationen über die Nazizeit, auch erfuhr ich erst viele
Jahre später, dass es ein normaler Reflex ist, unter sich zu
machen, wenn man erschossen wird. Heute weiß ich, dass
dieser Traum eine Erinnerung an meinen letzten Tod war, der
sich vermutlich in den 30ziger Jahren ereignet hatte.

Ein Mann aus einem Firmenseminar erzählte mir folgenden
immer wieder kehrenden Traum aus seiner Kindheit: Er fliegt
als Vogel über Bäume, Landschaften und Orte. Er ist ein
Vogel, kein Mensch. Er hat richtige Flügel, fühlt, sieht und
fliegt wie ein Vogel. Er konnte dieses Vogelgefühl sehr genau
beschreiben. Immer war dieser Traum mit angenehmen und
beglückenden Gefühlen für ihn verbunden gewesen. Dieser
Traum begleitete den Träumer bis er 18 Jahre alt war, dann
verließ er ihn und kam nie mehr wieder.
Dieser Mann glaubte mit Sicherheit nicht an ein früheres Leben
als Vogel, dazu war er viel zu rational, logisch und kritisch.

Doch seine eigenen Erinnerungen gaben ihm über viele Jahre diese intensiven Informationen aus seinem früheren Leben.

Für die Deutung und Bedeutung der Träume macht es keinen großen Unterschied, ob es sich um einen „normalen" Traum handelt oder um eine Erinnerung an ein früheres Leben. In beiden Fällen geht es darum, den Sinn und die Botschaft des Traumes zu erkennen. Beide Träume wollen den Träumer unterstützen, ihn oder sie auf etwas hinweisen, was in dieser Lebenssituation wichtig ist. In der Regel geht es um Lern- und Entwicklungsaufgaben.

Begegnung mit ‚außerirdischen' Wesenheiten

Es ist keine abgefahrene Idee aus einem Hollywood-Film a la Steven Spielberg (wie „E.T." oder „Taken"), sondern vielmehr ist die nächtliche Begegnung mit außerirdischen Wesenheiten eine weltumspannende Realität für Millionen von Menschen aus allen Kulturen. In den letzten 30 Jahren ist das Phänomen der sogenannten „Entführungen" durch Aliens gut erforscht und durch unzählige Fakten belegt worden. Leider leugnen alle Regierungen dieser Welt und merkwürdiger Weise auch alle großen Medien diese Realität. Das ändert jedoch nichts daran, dass diese Begegnungen geschehen und ihre Spuren in der Seele von uns Menschen hinterlassen.
Ich habe das Wort ‚außerirdisch' in Anführungszeichen gesetzt, weil ich nicht weiß, ob diese Wesen tatsächlich von anderen Planeten kommen oder vielleicht in den Meeren, im Erdinneren oder in einem parallelen Universum leben. Die meisten Menschen, die sich unter Hypnose an solche Begegnungen erinnern, bezeugen Raumfahrzeuge, sogenannte UFOs (Unidentifiziertes Flugobjekt), in welche sie gebracht wurden. Sie beschreiben intelligente Lebewesen, meist von

einer Körpergröße von 120 bis 150 cm, die an ihnen medizinische Prozeduren vorgenommen haben. Ich verweise in diesem Zusammenhang auf die klassische Literatur zum Thema (siehe Anmerkung 32).

Eine solche meist unfreiwillige Begegnung mit uns vollkommen fremden Wesen, oft verbunden mit der Erfahrung, in einem gelähmten Zustand auf ein Raumfahrzeug gebracht und dort untersucht zu werden, ist eine schwere traumatische Erfahrung, die oft sogenannte posttraumatische Störungen nach sich zieht, wie Alpträume, unerklärliche Ängste, Panikattacken, Allergien und ähnliches. Die ‚Außerirdischen' sind offenbar in der Lage, die bewussten Erinnerungen an dieses Geschehen vollständig zu blockieren. Dennoch bleiben Spuren einer solchen Erfahrung im Urtümlichen und zeigen sich im Traum.

Da ich in meiner langjährigen Traumdeutungspraxis öfter mit diesem Phänomen konfrontiert wurde, habe ich folgende Liste von typischen Traumbildern zusammengestellt, die eventuell das Ergebnis einer solchen Erfahrung sein könnten:

- Wiederholte Träume von Delphinen
- Wiederholte Träume von Eulen und Vögeln, wobei die magischen Augen dieser Tiere eine besondere Bedeutung gewinnen
- Häufige Flug- und Schwebeträume (auch Fahrstuhlträume)
- Außergewöhnliche Träume von Reisen im Weltall
- Träume von UFOs und Außerirdischen
- Träume von medizinischen Untersuchungen
- Angstbesetzte Träume von dunklen Augen, in welche der Träumer gegen seinen Willen schauen soll, evtl. verbunden mit der Erfahrung von Telepathie

138

- Träume von großen Reptilien mit menschlichen Eigenschaften (können sprechen, denken, handeln wie Menschen)
- Albträume, in welchen der Träumer gelähmt ist und sich ausgeliefert fühlt
-

Zusätzlich zu den erwähnten Traumsymbolen zeigen sich auch oft **körperliche Symptome**, dazu gehören unter anderem:

- Merkwürdige, scheinbar unerklärbare blaue Flecken an Armen, Füßen und auf der Brust, meist am Morgen nach dem Aufwachen
- Kleine Wunden am Morgen, die am Abend zuvor noch nicht da waren. In der Regel sind sie verschorft und schmerzen nicht.
- Merkwürdige, unerklärliche „Einstiche" z.B. hinter den Ohren; sie sehen vielleicht aus wie Insektenstiche, jucken und schmerzen aber nicht
- Nasenbluten in der Nacht oder am Morgen

Weitere mit diesem Phänomen zusammenhängende Symptome sind unter anderem:

Unerklärliche, plötzlich auftretende Phobien. Beispiel: Ein junger Mann kam zur Traumdeutung. Bei der Deutung seines ersten Traumes erwähnte er eine Platzangst, die ihn seit einigen Jahren befällt, wenn er offenen Plätzen in der Natur begegnet. So joggte er durch den Wald, kam an eine Lichtung und war sofort wie gelähmt, bekam nur beim Anblick dieser Lichtung eine furchtbare Panik-Attacke, fühlte sich augenblicklich am ganzen Körper gelähmt, fiel hin und musste sich erbrechen.

139

Ähnlich erging es ihm, wenn er auf der Autobahn fuhr und in offenes Gelände gelangte. Weitere Träume und seine Erinnerungen brachten schließlich in sein Bewusstsein, dass er während eines Auslandsaufenthaltes in Südamerika eine oder mehrere Entführungserfahrungen erlebt hatte, bei denen er in ein Raumschiff gebeamt wurde, das auf solchen offenen Flächen gelandet war.

Fehlende Zeit: Ein gewohnter Weg dauert plötzlich viel zu lange. Ein Mensch fährt oder geht von A nach B und bemerkt schließlich, dass ihm oder ihr Zeit fehlt, die nicht erklärt werden kann. Meist handelt es sich um 30 Minuten bis zu 2 Stunden.

Schlafstörungen und Ängste vor dem Einschlafen. Plötzlich stellen sich solche unerklärlichen Ängste ein, obwohl es im bewussten Leben keine Anhaltspunkte dafür gibt. Dazu gehört auch eine plötzliche Angst vor Dunkelheit und das wiederholte Gefühl, nicht allein im Raum zu sein, obwohl sonst niemand da ist.

Scheinschwangerschaften bei Frauen. Frauen haben erst das Gefühl, manchmal sogar die Gewissheit, dass sie schwanger sind. Doch plötzlich, nach einigen Wochen, ist der Fötus verschwunden, obwohl es zu keinem bewussten Abort kam.

Vor einigen Jahren hielt ich in einer fränkischen Universitätsstadt einen Vortrag über Symbole im Traum und im wachen Leben. Eine sehr freundliche ältere Dame, die selber nicht zum Vortrag kam, holte mich im Hotel ab, um mich zum Veranstaltungsort zu fahren. Sie begann locker drauflos zu plaudern und erzählte mir, dass sie immer wieder diese Fahrstuhlträume hätte. Aus reiner Höflichkeit stellte ich ein paar Rückfragen, denn ich hatte nicht vor, vom Beifahrersitz aus in 10 Minuten die Träume meiner freundlichen Fahrerin zu deuten. Doch ihre Antworten auf meine Fragen machten mich stutzig. So begann ich, nach und nach meine oben erwähnte Liste abzufragen. Meine Frage, ob sie schon einmal von Delphinen geträumt hätte, beantwortete sie freudig: „Ach meine Delphine, ja, sie kommen oft in meine Träume, es sind so schöne und liebvolle Tiere! Vor allem ihre Augen sind so stark und ausdrucksvoll." Ich wagte mich weiter vor und fragte nach möglichen blauen Flecken am Morgen. Darauf sie: „Woher wissen sie das? Ja, ich habe öfter solche blauen Flecke an meinen Armen und dann sage ich immer zu meinem Mann: ‚Schlägst du mich etwa nachts?'…", worauf sie verwundert und etwas hilflos lachte. Als sie schließlich auch noch auf meine Frage nach der fehlenden Zeit sofort mehrere Erlebnisse bereitwillig preisgab, war für mich klar, dass diese Frau in ihren Träumen genau das hier beschriebene Phänomen verarbeitete. Natürlich konnte ich ihr diese Wahrheit nicht so zwischen Tür und Angel zurufen, deshalb lud ich sie für den kommenden Tag in mein Hotelzimmer ein, um ausführlicher auf ihre Träume einzugehen. Am darauffolgenden Abend hatte ich die schwierige Aufgabe, diese freundliche und einfache Frau auf ein Phänomen aufmerksam zu machen, das vollkommen jenseits ihres Weltbildes und ihrer Vorstellungskraft lag. Dennoch versuchte ich es. Nachdem ich mit meinen Ausführungen fertig war, schaute mich die Frau aus erschrockenen, tränengefüllten Augen an. Nach einer langen Pause des Schweigens offenbarte sie mir folgendes: „Ich habe die Nacht von Samstag auf Sonntag in der Notaufnahme des Krankenhauses verbracht, weil ich einen furchtbaren Herzanfall hatte, wie ich dachte. Mein Mann hat mich mit dem Rettungswagen dort eingeliefert. Es war der furchtbare Albtraum…. Ich war dort. Ich habe sie gesehen. Wir waren viele. Dort im Wald. Sie haben mich dort hingebracht. Ich war dort...; ich habe ES gesehen..." Sie konnte nicht weitersprechen. Tränen des Schreckens flossen über ihre Wangen. Dann nahm sie ein Stück Papier und malte etwas auf: ein großes UFO! Es war Mittwoch-Abend, also 3 Tage nach dieser Erfahrung. Nachdem sie das UFO aufgemalt hatte, sprach sie kein Wort mehr darüber. Ich nahm sie zum Abschied in den Arm und sie ging schweigend nach Hause. Obwohl ich ihr anbot, jederzeit weiter mit mir darüber zu sprechen und diese traumatische Erfahrung aufzuarbeiten, hat sie mich nie wieder kontaktiert.[32]

---

[32] Literatur zum Thema: Budd Hopkins: Fehlende Zeit. 1996; John E. Mack: Entführt von Außerirdischen. Der Alienreport. 1995; Illobrand von Ludwiger: UFOs – die unerwünschte Wahrheit. 2008; Timothy Good: Need to Know. UFOs, das Militär und die Geheimdienste.2008

IV.
DIE DEUTUNG DER TRÄUME

Der Traum zeigt uns die Spannung, in der sich unser menschliches Bewusstsein befindet: einerseits empfinden wir den Traumbildern gegenüber Fremdheit. Sie sind zumeist fremde, unverstandene Gestalten, die gleichsam von außen unser Bewusstsein treffen. Wir stehen rätselnd und fragend davor. Zugleich aber sind genau diese Bilder und Gestalten Ausdruck des Persönlichsten und Eigensten, das wir sind und haben. Wir stehen uns selbst rätselnd und fremd gegenüber.

Aus diesem Umstand der Fremdheit und des Unverständnisses dem eigenen Traum gegenüber neigen viele Menschen dazu, die Deutung ihrer eigenen Träume anderen, erfahrenen Personen zu überlassen. So verständlich dieser Impuls auch ist, so problematisch erscheint er mir auch. Denn jeder von uns ist ein sehr spezifisches Wesen, mit einzigartigen Gefühlen, Stimmungen, Gedanken, Erfahrungen, Bildern und Symbolen. Die Interpretation eines anderen Menschen erfolgt demzufolge notwendig durch „die eigene Brille" und kann schon deshalb der Eigenheit des Anderen nicht voll entsprechen.

Natürlich brauchen wir Unterstützung bei der Deutung und Interpretation unserer Träume – dazu führe ich Seminare durch und habe dieses Buch geschrieben -, doch niemals sollte die ganze Deutung an einen anderen Menschen abgegeben werden. Der Traum eines Menschen gehört zu ihm oder ihr. Jeder muss letztlich die Deutung des eigenen Traumes selbst verantworten. Jeder von uns muss das letzte Kriterium für die Deutung des eigenen Traumes sein.

Jeder von uns ist also das wichtigste Kriterium der eigenen Traumdeutung.

Der kulturelle Kontext

Für die Deutung von Träumen ist der kulturelle Kontext von großer Bedeutung. Verschiedene Kulturen bringen unterschiedliche Bilder und Symbole hervor. Der „normale" Traum benutzt Bilder, die entweder aus dem Lebensalltag entnommen sind – heutzutage z.B. Flugzeuge, Computer, Autos, Telefone, Eisenbahnen, Hochhäuser etc. – oder aber einer tieferen Ebene der Persönlichkeit, dem Urtümlichen, entstammen. Oft sind auch diese Bilder und Symbole stark kulturabhängig. Darüber hinaus gibt es auf einer kollektiven Ebene bestimmte Bilder und Symbole, die der ganzen Menschheit zu eigen sind, darauf werde ich weiter unten ausführlicher eingehen. An dieser Stelle ist mir wichtig, auf die Unterschiede der Kulturen bei der Deutung von Träumen zu achten. Es kann von großer Bedeutung sein, die Kultur des Träumers intimer zu kennen, um die Bilder und Symbole der Seele zu interpretieren.

Beispiel: Indianische Träume
Durch meinen persönlichen Bezug zu nordamerikanischen Indianern konnte ich einen Einblick in die indianische Traumwelt gewinnen. Dort finden sich zum Teil ganz andere Traumbilder- und Symbole als im europäischen Umfeld. Und das, obwohl die Indianer heute in einer modernen, europäisch geprägten Umwelt leben. Die Tierwelt spielt in indianischen Träumen eine wichtige Rolle. Tiere sind für Indianer nicht nur Ausdruck der Triebkräfte des Urtümlichen, sondern immer auch geistige Verwandte, Boten oder mögliche Geistführer. Wenn Indianer vom Grizzlybären, vom Coyoten, vom Adler, vom Büffel oder von der Klapperschlange träumen, dann muss ich bei der Deutung immer auch die spirituellen Bedeutungen mit in Betracht ziehen. Das nach C. G. Jung sogenannte

144

kollektive Unbewusste der Indianer produziert andere Bilder mit anderen Bedeutungshorizonten.

Das Gleiche gilt natürlich auch für alle anderen Kulturen. Insofern rate ich dringend von Traumdeutungsbüchern aus anderen Kulturen ab.[33] Solche Bücher sind interessant, um etwas über die Seele und deren Bilder einer anderen Kultur zu lernen, doch sie taugen nicht zur Deutung unserer eigenen Träume, sofern wir nicht Teil dieser Kultur sind.

Jede Kultur hat einen Fundus an mythologischen Bildern, aus denen sich auch unsere Träume speisen. Wir finden diese Bilder vor allem in den Märchen der Völker. In unserer Kultur sind es vor allem die Volksmärchen, die von den Brüdern Grimm gesammelt wurden, in denen wir unseren kulturspezifischen Bildern, Symbolen und Motiven begegnen. Aber auch die christliche Tradition hat in unserem Kulturkreis ganz bestimmte Bilder und Symbole hervorgebracht – allem voran das christliche Kreuz.

Wenn in unseren Träumen plötzlich Bilder, Symbole oder Motive aus anderen Kulturen auftauchen, ohne dass wir zu dieser fremden Kultur irgendeinen Bezug haben, so deutet das auf spirituelle Träume hin: Erinnerungen an frühere Leben oder die Begegnung mit geistigen Wesen aus anderen Kulturen und Zeiten.
Ich habe erst kürzlich dieses Phänomen in Träumen einer kanadischen Indianerin erlebt: sie erhielt im Traum bestimmte Begriffe, die so spezifisch waren, dass sie ein Wörterbuch zur Hilfe nehmen musste, nur um das Wort zu verstehen. Einige

---

[33] z.B. das indianische Traumdeutungsbuch von Sun Bear – siehe Literaturverzeichnis

dieser Begriffe waren Fachworte aus Disziplinen, mit denen sie noch nie in ihrem Leben etwas zu tun hatte.

Der Individuelle Kontext

Noch wichtiger als der kulturelle ist für mich der individuelle Kontext eines Träumers. Ich gebe grundsätzlich dem Individuellen immer den Zuschlag vor dem Kollektiven. Fast jeder Traum, den ich bisher erfahren durfte, hatte einen intensiven Bezug zur individuellen Lebenswirklichkeit des Träumers. Eine ganz besondere Bedeutung spielt die Kindheit dabei, sowie Menschen und Orte, denen der Träumer begegnet ist. Der Traum bedient sich oft irgendwelcher Erinnerungen. Da werden Menschen aus dem Gedächtnis gekramt, die schon längst vergessen sind: alte Schulkameraden, Spielgefährten und zufällige Bekanntschaften. Die Traumsymbolik ist sehr oft durchsetzt mit Konkretionen aus dem Alltagsleben des Träumers. Ohne die Kenntnis des individuellen Hintergrundes, vor allem aber ohne die konkreten Assoziationen des Träumers gibt der Traum gar keinen Sinn. Die eigenen, oft längst vergessenen Erfahrungen und Erinnerungen des Träumers reichern das Traummaterial an und führen zum Sinn und zur Botschaft des Traumes.

Ich habe es sehr oft erlebt, dass ein Traum dem Träumer Menschen ins Bewusstsein holt, die schon Jahrzehnte nicht mehr in seinem Leben sind oder nur eine ganz untergeordnete Rolle gespielt haben. Oft weisen diese Menschen auf eine bestimmte Zeit hin oder sie stehen für den Träumer selbst in dieser Zeit. In jedem Fall ist die Kenntnis der individuellen Situation des Träumers sehr wichtig. Das Erfragen und Erinnern an den individuellen Kontext spielt in meiner Traumdeutung eine herausragende Rolle und nimmt die meiste Zeit in Anspruch. Hier ist Achtung geboten: Der Traum selbst zeigt die Grenze, wie weit wir uns mit dem Kontext

146

beschäftigen sollten. Die Gefahr ist groß, vom Hundertste ins Tausendste zu kommen. Die Assoziationen sollten immer wieder auf den Traum selbst zurückgeführt werden, damit sie nicht auswuchern.

Die Traumstimmung

Für die Deutung eines Traumes ist für mich die Traumstimmung von großer Bedeutung. Jeder Traum versetzt uns in eine ganz spezifische Stimmung, die von unserer Seele produziert wird. Oft ist es uns nicht mehr möglich, den Traum nach dem Erwachen zu erinnern, wohl aber bleibt eine positive oder negative Stimmung, die uns in den Tag begleitet. Die Traumstimmung bildet gleichsam den Hintergrund oder die Grundfarbe des Traumes. Manchmal ist die Traumhandlung selbst in keiner Weise bedrohlich, und dennoch ist sie von intensiver Angst begleitet. Auch umgekehrt: ein Traum mit einer durchaus aufregenden Handlung kann von entspannten Gefühlen begleitet sein. Ich messe daher der Traumstimmung ebenso viel Bedeutung bei wie der Handlung selbst.

Das Wort „Stimmung" kommt von Stimme und hat im weitesten Sinn mit Sprechen und Hören zu tun. So ist es auch im Traum. In der Traumstimmung „spricht" der Traum zu uns, die Stimmung ist auch die Stimme des Traumes. Während die Bilder, Handlungen und Motive zu unserem inneren Auge sprechen, so spricht die Traumstimmung zu unserem inneren Ohr.

Die Traumstimmung zeigt uns oft auch die Dimension und Bedeutung des Traumes an. Ein handlungsarmer Traum kann dennoch von der Stimmung her eine enorme Wirkung auf uns haben. Oft verwundern sich Träumer genau über dieses Phänomen. Ein Träumer erwacht vielleicht mit großer Angst, obwohl das Bewusstsein in der Traumhandlung keinen Grund oder Anlass dafür findet.

Nach meiner Interpretation der menschlichen Persönlichkeit erzeugt die Seele selbst keine Bilder und Symbole, sondern Gefühle und Stimmungen. Deshalb betrachte ich die Traumstimmung als Ausdruck und Botschaft der Seele. Sie gibt ihren ganz eigenen Kommentar in der Traumstimmung. Da sie unser innerstes Gleichgewichtsorgan ist, vertraue ich immer auf ihre Stimme und folge bei der Deutung des Traumes konsequent der Traumstimmung.

Die Mehrdeutigkeit der Träume

Unser Tagesbewusstsein funktioniert nach dem einfachen Mechanismus: Ja – Nein; richtig – falsch; gut – schlecht usw. Auf diese Weise können wir relativ schnell Orientierung in einer sehr komplexen Welt realisieren. Wir „vereindeutigen" uns die Welt auf diese Weise, weil wir sonst in ihrer Komplexität nicht mehr handlungsfähig wären. Damit verflachen und reduzieren wir natürlich die Wirklichkeit. Deshalb neigt unser Bewusstsein auch dazu, bei gegensätzlichen Deutungsmöglichkeiten oder Bedeutungen sich für eine zu entscheiden und die andere zu verwerfen.

Diesem Impuls sollten wir in der Traumdeutung *nicht* folgen. Der Traum lehrt uns die Mehrdeutigkeit alles Wirklichen. Der Traum liefert uns in der Regel verdichtetes Material.
In der Psychologie hat sich der Begriff der **Ambivalenz** durchgesetzt, mit welchem die Gleichzeitigkeit von zwei unterschiedlichen, oft gegensätzlichen Gefühlen bezeichnet wird.
Besonders eindrücklich können wir die Ambivalenz in der Liebe nachvollziehen. Jede Liebe hat den Hass zum

148

schattenhaften Bruder bzw. Schwester. Oft fließen Liebe und Hass ineinander über, vermengen sich miteinander, verändern sich gegenseitig oder bestehen gleichzeitig. Aus Liebe wird manchmal gemordet – sogar der oder die Geliebte. Liebe und Hass gehören zusammen, ebenso wie Licht und Schatten, Tag und Nacht, Mann und Frau. Erst die Gegensätze zusammen bilden ein Ganzes, bilden eine Wirklichkeit. In diesem Grundzug scheint sich eine Wahrheit des Lebens an sich auszudrücken. Doch unser Bewusstsein möchte die verschiedenen Realitäten gerne auseinanderhalten, ordnen, strukturieren und analysieren.

Ich rate eher davon ab, den Traum bis ans analytische Ende zu rationalisieren. Unser Bewusstsein hat dann zwar eine Genugtuung erfahren, doch dem Traum ist damit nicht immer in angemessener Weise entsprochen worden.

Vielmehr rate ich dazu, die unterschiedlichen Bedeutungspfade zu entdecken, zu verfolgen und gegebenenfalls auch so spannungsreich stehen zu lassen, selbst wenn unser Bewusstsein dagegen opponiert.

Ich habe sehr oft Träume kennen gelernt, in denen ein einziges Symbol mindestens 3 Bedeutungen für den Träumer hatte, die alle für das Verständnis des Traumes wichtig waren, obwohl sie „unlogisch" mit einander verknüpft waren. Für die Deutung des Traumes gilt: **nicht „entweder – oder", sondern im Zweifelsfalle: „sowohl – als auch".**
Der Traum ist einem Prisma vergleichbar, in welchem sich das Licht auf vielfältige Weise bricht, zum Teil unterschiedliche Farben hervorbringt und doch ein und dasselbe darstellt. Insofern ist der Traum für das Bewusstsein ein Realitätsgewinn. Ich halte diese Struktur der Mehrdeutigkeit nicht für etwas Unterentwickeltes, sondern für etwas

Ursprüngliches. Wir können über den Traum hinaus tiefer blicken in das Wesen der Dinge und unserer Welt. Das wahre Leben ist so vielschichtig, so komplex und widersprüchlich – vom Bewusstsein aus gesehen. Deshalb versuche ich eher, mein analysierendes Bewusstsein in den Traum hinein zu tauchen als den Traum widerspruchsfrei an das Licht meines Tagesbewusstseins zu ziehen.

Die große Mehrheit aller Träume, die ich gedeutet habe, hinterließen im Bewusstsein ein Gefühl, das Wesentliche erkannt, doch viele Elemente noch lange nicht hinreichend ausgelotet zu haben. Es ist ein wirklicher Erfolg, den roten Faden, die wesentliche Botschaft eines Traumes, entziffert, erkannt und gedeutet zu haben. Und es ist eine Anmaßung zu glauben oder zu erwarten, die ganze Fülle des Traumes jemals vollständig zu verstehen. Dazu ist der Bereich der Wirklichkeit, der wir im Traum begegnen, zu komplex und zu vielschichtig.

Die Deutung auf der Subjekt- und Objektstufe

Gemäß der Mehrdeutigkeit des Traumes ist es immer ratsam, die Personen und Wesen (z.B. Tiere) im Traum mindestens auf diese beiden Bedeutungen hin zu befragen:

Auf der Subjektstufe erlebt sich der Träumer selbst im Traum als handelndes und wahrnehmendes Wesen, ganz wie im wachen Leben. Er oder sie erlebt den Traum aus der eigenen subjektiven Perspektive. In der Regel agieren auch andere Menschen oder Wesen im Traum, die dem Träumer als Objekte erscheinen. Er oder sie steht ihnen gegenüber: der eigenen Mutter, der Nachbar, die ehemalige Schulfreundin – wer auch immer. Eine Deutungsperspektive sollte den Traum in dieser Weise nehmen, wie er sich zeigt: der Träumer als Subjekt, die anderen als Objekte.

Eine zweite Deutungsperspektive sollte dagegen immer auch die anderen handelnden Teilnehmer als versteckten Ausdruck der Persönlichkeit des Träumers oder zumindest Teile von ihr, ansehen. In dieser Perspektive könnte die Mutter nicht nur die eigene Mutter sein, sondern das Mütterliche in mir, was die Gestalt der anderen Mutter angenommen hat. Die ehemalige Schulfreundin kann für die Träumerin selbst stehen oder für jemand anders, der in dieser Person „getarnt" auftritt, z.B. eine Schwester. Das gilt nicht nur für menschliche Gestalten im Traum. Auch und gerade Tiere erfüllen unsere Träume auf diese Weise mit Sinn. Der bereits erwähnte Traum von den erwachenden Löwen ist für diesen Umstand ein schönes Beispiel. Sie stehen für das Tierische, das Löwenhafte des Träumers selbst.

Die schlafenden Hunde
Ein Mann erzählte mir folgenden Traum: Er befindet sich in einem Wald mit großen alten Bäumen. Ein sehr urtümlicher Wald. Um die Bäume herum liegen große, schlafende Hunde. Die meisten sind Schäferhunde. Sie wirken wie betäubt oder narkotisiert. Der Träumer wundert sich über so viele große Hunde, die in Gruppen von 4 bis 5 Tieren um die Bäume herum liegen.
Natürlich standen diese Hunde für den Hund in ihm selbst: für das Männlich-Tierische, Triebhafte, Männlich-Urtümliche, das schläft und sich wie narkotisiert verhält. Zugleich fühlte sich der Träumer in dieser Zeit auch als „armer Hund", was trefflich durch das Bild ausgedrückt wurde.

Ein anderer Träumer wählte oft einen seiner Brüder als Stellvertreter für sich selbst im Traum. Hier wurde bald deutlich, dass dieser Bruder einerseits für sich selbst stand, zudem die Beziehung zu diesem Bruder thematisiert wurde und drittens stand der Bruder auch noch für den Träumer selbst.

151

Eine Deutung sollte hier nicht gegen die andere ausgespielt werden.

So zeigt uns der Traum in den anderen Menschen und Tieren Bestandteile unserer eigenen Persönlichkeit: Verhaltensweisen, Einstellungen und Probleme, die wir bei den anderen leicht, bei uns selbst aber nur sehr schwer und mit Widerstand wahrnehmen.

Auch in dieser Doppelperspektive von Subjekt- und Objektstufe können wir wieder viel vom Traum lernen: Jede unserer Beziehungen, ob zu Menschen oder Tieren oder anderen Wesen, hat immer mit uns selbst zu tun. Jede unserer Beziehungen ist ein Spiegel unserer selbst – und zugleich immer auch mehr als wir selbst. Würden wir uns immer nur selbst in den anderen Menschen suchen, wären wir bedauernswürdige Narzissten. Würden wir aber umgekehrt auch niemals etwas über uns selbst in der Beziehung mit den anderen lernen, blieben wir einsam, dumm und eingeschränkt. Der Traum weist uns auf diese drei Blickwinkel hin, die wir alle drei in der Deutung beachten sollten:

- Sei du selbst in der Beziehung zu anderen
- Erkenne dich selbst im Anderen
- Schau dir die Beziehung selbst an und was sie über dich aussagt

Methodische Anregungen

Jeder Mensch sollte seine eigene Methode der Traumdeutung finden und dabei der eigenen Intuition folgen. Ich stelle im Folgenden meine Methode vor, mit der ich seit fast 40 Jahren gut vorangekommen bin. Doch auch ich gehe nicht immer genau so nach Plan vor, sondern folge der Eigenart des Traumes und des Träumers.

1.) – Der Traum wird aufgeschrieben
Als Erstes schreibe ich den Traum so genau wie möglich auf – wenn es sich um meinen eigenen Traum handelt - oder lasse ihn vom Träumer aufschreiben. Dabei vermerke ich auch die Stimmungen, wie Ängste oder Glücksgefühle.

2.) - Überschrift
Nachdem der Traum aufgeschrieben wurde, gebe ich ihm eine Überschrift wie in der Zeitung. Ich fordere mich selbst oder den Träumer auf, sich vorzustellen, der Traum sollte als Artikel in der Zeitung veröffentlich werden und braucht nun eine Überschrift. Auch hier nehme ich wieder das Spontane. Die Überschrift wird notiert.
Diese spontane Überschrift sollte in jedem Fall **vor** aller weiterer Deutungsarbeit gefunden werden. Später kann gerade sie einen wichtigen Hinweis auf den roten Faden geben!

3.) – Der Traum wird in Szenen unterteilt
Der dritte Schritt ist, dass ich den Traum in verschiedene Szenen zerlege. Oft wird er mir schon so angeboten. Gerade lange Träume unterteile ich grundsätzlich. So entstehen auf dem Papier und im Geist lauter kleine Inseln, die aneinander gereiht sind. Jede Szene und oft jedes einzelne Symbol werden

einzeln aufgelistet, darunter lasse ich Platz für das Brainstorming, was später folgt.

4.) - Brainstorming
Dann gehe ich von Bild zu Bild, von Symbol zu Symbol und schreibe mir alle Einfälle auf, die mir zu diesem Bild oder Symbol spontan zu- und einfallen. Dieses Brainstorming ist der wichtigste Teil. Das Schwierigste dabei ist, die Einfälle nicht zu bewerten und auch die scheinbar weniger wichtigen Einfälle zu notieren. Oft stellt sich heraus, dass es gerade jene scheinbar unwichtigen Assoziationen es sind, die dem Sinn des Traumes zur Deutung verhelfen. Wir sollten also besonders jene Gedanken wertschätzen, die wir spontan ablehnen, wenn sie uns durch den Kopf gehen.

5.) – Deutungsarbeit
Oft setzt schon während des Brainstormings der Erkenntnisprozess ein, so dass es manchmal schwer fällt, eine Reihenfolge in der Bearbeitung der Bilder und Symbole einzuhalten. Das macht nichts. Normaler Weise beginne ich am Anfang eines Traumes, doch manchmal besitzt ein Symbol oder ein Bild eine so überragende Bedeutung und Energie, dass der Träumer dort beginnen möchte. Ich lasse es geschehen.

Die gesammelten Einfälle und Assoziationen werden jetzt Szene für Szene, Bild für Bild bearbeitet, bis sie sich zu einem roten Faden zusammenfügen. Eine besondere Bedeutung hat in diesem Zusammenhang für mich **das erste Traumbild**. Mit ihm wird gleichsam eine Ansage gemacht, die uns zum Thema führt. Beispiel: Wenn das erste Bild die elterliche Wohnung ist, so ist damit ein wichtiger Hinweis gegeben, dass es sich (sofern der Träumer bereits erwachsen ist), um ein altes Problem handelt, das vermutlich die Ursache in der Kindheit hat. Das erste Bild, die erste Szene ist gleichsam so etwas wie

154

ein Bühnenbild im Theater. Anhand des Bühnenbildes kann ich einen ersten Eindruck davon gewinnen, wo das Stück spielt und worum es gehen könnte. Ich lasse den Träumer oft folgende Situation vorstellen:

Du bekommst eine Karte für ein Theaterstück geschenkt, weißt aber nicht, wovon das Stück handelt. Also setzt du dich in den Zuschauerraum. Der Vorhang öffnet sich und du siehst vor aller Handlung das Bühnenbild. Anhand dieses Bildes bekommst du einen ersten Hinweis, wovon das Stück handeln könnte.

Nach dem Durchgang durch alle Szenen, Bilder und Symbole ist der rote Faden in der Regel schon gefunden. Die verschiedenen Elemente werden nun mit einander zu einem Ganzen verbunden.

Generell ist mir wichtig, der Intuition besonders des Träumers, aber auch des erfahrenen Deuters zu folgen. Deshalb halte ich auch die Traumstimmung für so wichtig für die Deutung. Dem Kopf leuchten am besten die schnellen und klaren Lösungen ein, oft auch die ersten. Doch unsere Intuition erspürt am besten, ob der Sinn des Traumes durch die Deutung erfasst wurde oder nicht.

Traumdeutung ist für mich der Lernprozess, von der logisch-rationalen hin zur Herzenserkenntnis zu wachsen. Die Prämisse dabei ist, dass das, was ich suche, immer schon da ist. Das scheinbar Fremde ist mir vertraut, es ist mein Eigenes. Er-Kennen ist im wahrsten Sinne des Wortes Wieder-Erkennen. Der „Kopf", die Ratio, muss das nachvollziehen, was bereits längst Wirklichkeit in uns ist. Damit zeigt uns der Traum das wahre Verhältnis von Bewusstsein und aller Wirklichkeit: Die Wirklichkeit liegt unserm Bewusstsein immer vorweg – zeitlich und sachlich. Der Kopf ist nachgeordnet. Der Traum konfrontiert uns mit dieser natürlichen Ordnung der Dinge, was für das rationale Ich-Bewusstsein als narzisstische Kränkung erlebt werden kann.

Traumdeutung hat für mich deshalb mit Hingabe und Einlassen zu tun. Während die Psychologie des 20. und 21. Jahrhunderts Traumdeutung vor allem als Bewusstmachung des Unbewussten betrachtet hat und betreibt, so betrachte ich Traumdeutung als Hinabsteigen des Bewusstseins in die *anderen* Dimensionen. Natürlich soll das Bewusstsein wieder die Oberfläche des klaren Verstandes gewinnen – aber verändert und bereichert. Das bewusste Ich wird auf der Reise in die anderen Dimensionen der Persönlichkeit und der Wirklichkeit die eigenen Ängste mehr und mehr überwinden und Vertrauen entwickeln.

Nach der Deutung – den Traum tun

Jeder wichtige Traum, der uns eine Deutungsarbeit wert ist, hat eine Botschaft für uns. Alles, was uns bewusst ist, drängt nach Veränderung und Handlung. Deshalb sagt der Volksmund: „Was ich nicht weiß, macht mich nicht heiß." Darin liegt der Sinn von Verdrängung. Alles, was wir verdrängen, beschäftigt uns bewusst nicht weiter, vor allem aber drängt es uns nicht zu Veränderungen.
Nach der Traumdeutung sieht das oft anders aus: Nun wissen wir klarer, was unser Problem ist. Oft geht es darum, etwas ganz Konkretes in unserem Leben zu verändern. Manche Träume konfrontieren uns mit so großen Problemen, dass wir Jahre brauchen, um die entsprechenden Veränderungen vorzunehmen und umzusetzen.

Wer um seine Träume weiß, der weiß um sich selbst. Traumdeutung ist Selbsterkenntnis. Was nun tun mit all dem

156

Wissen? Das fragen mich viele Träumer nach der Traumdeutung: Was soll ich jetzt tun? Diese Frage ist in der Regel nicht so leicht zu beantworten. Manche Träume bieten uns Lösungen an. Doch das ist eher selten. Viel öfter zeigt der Traum das Problem und darüber hinaus droht er mit Konsequenzen, die eintreten, wenn wir das Problem nicht lösen (so z.B. der Flutwellentraum). Nach meiner Erfahrung zeigt uns der Traum viel öfter, was geschieht, wenn wir etwas *nicht* tun, als das, was genau getan werden muss. Ein Beispiel kann das gut zeigen:

Wie überwinde ich den Frosch?
Ein 32jähriger Träumer hatte einen doppelten Froschtraum während einer Nacht. Im ersten Traum befand er sich in einer Schulklasse (ca. 3. Klasse), wobei die Lehrerin den Frosch behandelte. Auch er musste einen Frosch anfassen und fand dieses Tier sehr abstoßend und hässlich.
Im nächsten Traum erscheint wieder ein Frosch oder besser gesagt eine Fröschin. Längst nicht so eklig und abstoßend wie die erste Kröte zeigt der zweite, eindeutig weibliche Frosch (Lippenstift, lange Augenwimpern) mehr Charme und zieht die positive Beachtung des Träumers auf sich. Die Fröschin wackelt zu einem Haufen knallbunter Ostereier, aus denen kleine süße Küken schlüpfen, worüber sich Fröschin und Träumer freuen.

Die Deutung ergab, dass der erste Frosch für den Träumer selbst stand, besonders für seine nicht entwickelte männliche Sexualität. Die negative Haltung dem Frosch gegenüber entsprach jener zu sich selbst und seiner eigenen Sexualität. Die Schulklasse symbolisierte dem Träumer seinen eigenen Entwicklungsrückstand. Der zweite Traum zeigte dem Träumer, dass er auch den Frauen auf der Froschebene begegnet. Der weibliche Frosch vereint Subjekt- und

157

Objektstufe in sich. Einerseits spiegelt der weibliche Frosch, wie der Träumer Frauen gegenüber fast nur seine „weibliche" Seite zeigt, die er besser annehmen kann. Zugleich zeigt es ihm aber auch, dass dadurch auch die Frauen zu „Fröschen" werden. Sein Kinderwunsch ist durch infantile Phantasien geprägt (Eier, Küken). Ganz ähnlich wie es dem Frosch im Märchen vom „Froschkönig" erging, so ergeht es nun auch dem Träumer im wahren Leben: da er den Frauen auf der Froschebene begegnet, wird er erst ausgenutzt und wenn es zur Sache geht, „an die Wand geworfen". Der Träumer erkannte die Botschaft seiner Träume und fragte mich nun, was er tun solle, um sein Frosch-Muster zu überwinden. Der Traum selbst gibt hier keine Ratschläge, er zeigt nur das Problem auf. Die Antwort auf diese Fragen kann nur der Träumer selbst finden. Hier vorschnell Ratschläge zu geben wäre falsch. Doch es liegt auf der Hand, dass der Träumer dringend etwas tun sollte, damit er eine erfüllende Partnerschaft mit einer ebensolchen Sexualität erleben kann.

Das Wissen um die Botschaft des Traumes drängt nach Veränderung. Jetzt, nach der Deutung, ist unser Bewusstsein, unser Ich, gefragt. Wir sind aufgefordert, eine verantwortliche und bewusste Lösung für unser Problem zu finden und zu realisieren. Der Traum kann uns dabei ein unterstützender Begleiter sein, da er uns auch in Zukunft anzeigt, wo wir stehen, wie weit wir gekommen sind und was eventuell noch zu tun ist.

Einige wenige Träume realisieren sich selbst. Damit meine ich, dass während des Traumes etwas mit uns geschieht, eine wahrhaftige Veränderung. Das trifft für alle Großträume zu und gilt ebenso für die meisten spirituellen Träume. In diesen Träumen geschieht zugleich das, was wir träumen, ganz real mit uns. Ich erwähnte oben den Traum von den erwachenden

158

Löwen. In diesem Traum sind wirklich die „Löwenbabys" im Träumer erwacht. Das bedeutet, dass bereits beim Erwachen eine reale Veränderung zu spüren ist. Eine innere, energetische Veränderung ist geschehen, manchmal sogar ein wirklicher Qualitätssprung. Doch auch diese wirklichen inneren Veränderungen verlangen in der Regel nach äußeren Vollzügen. Wenn, wie im Großtraum, eine reale Veränderung im Traum mit uns geschehen ist, so ergeben sich die äußeren Vollzüge meist von selbst. Intuitiv tun wir dann die Dinge, die zu tun sind, ohne lange darüber zu grübeln.

V.
EINIGE BILDER UND SYMBOLE UND IHRE MÖGLICHEN BEDEUTUNGEN

Im Folgenden gebe ich Anregungen zur Interpretation einiger ausgewählter kollektiver Bilder und Symbole. Ich möchte diese Auflistung **nicht als Handbuch verstanden wissen, wo Träumerinnen und Träumer einfach nachschlagen können**, um die „richtige" und „wahre" Deutung problemlos zu gewinnen. Das ist zu einfach und kurzsichtig. Grundsätzlich gilt für die Arbeit mit den Symbolen: *Individuell geht immer vor kollektiv.* Der Traum ist ein einzigartiges und individuelles Gebilde, wir werden dieser Wirklichkeit nicht mit vorschnellen Verallgemeinerungen gerecht. Ich bitte deshalb die Leserin und den Leser, die nachfolgenden Deutungen mit aller Vorsicht und Vorläufigkeit zu behandeln. Sie können eine Richtung angeben, im Einzelfall sollten aber immer die Assoziationen des Träumers entscheiden.

Das Wesen von Symbolen

Das Symbol und das symbolische Bild sind die Sprache des Urtümlichen. Eine Wortsprache suchen wir im Urtümlichen vergeblich. Gemäß dem Charakter des Urtümlichen ist das Symbol eine verdichtete Wirklichkeit. Das Symbol ist ein dem Bewusstsein in der Regel entzogener Zugang zu dieser Wirklichkeit. Zugleich repräsentiert das Symbol diese Wirklichkeit selbst. Darin sehe ich den eigentlichen Unterschied zum Zeichen. Das Zeichen repräsentiert eine einzige Wirklichkeit, es weist auf etwas anderes hin, das klar

160

definiert ist. Zeichen werden vom Bewusstsein erschaffen und erfasst. Symbole nicht.

Beispiel:

Unsere Verkehrszeichen geben klare, unmissverständliche Auskunft über das mit ihnen Gemeinte. Wenn sie das nicht tun, taugen sie nicht als Zeichen. Wir finden überall Zeichen: Auf Flugplätzen, in Gebrauchsanweisungen, im Internet, im Straßenverkehr: wo immer Menschen miteinander kommunizieren und sich bewusst orientieren, finden wir Zeichen. Die Eindeutigkeit des Zeichens für das Bewusstsein macht es überhaupt erst sinnvoll und praktisch.

Ganz anders das Symbol. Es kommuniziert immer direkt mit dem Urtümlichen. Es kommt von dort und es wendet sich an das Urtümliche. So kann das Bewusstsein ein Symbol entweder gar nicht als solches erkennen oder aber als Zeichen deuten. Die allermeisten Symbole werden vom Bewusstsein weder verstanden noch als solche identifiziert.

Ich hatte bereits oben über den Unterschied von Ver-*Stehen* und Er-Kennen gesprochen. Die Wirklichkeit fließt. Das Bewusstsein versucht, das Fließende zum Stehen zu bringen und baut sich seine Welt aus Ver-*Standenem*, also zum Stehen Gekommenem. Das Zeichen ist dafür ein guter Ausdruck.

Das Symbol kommuniziert mit der Wirklichkeit, die fließt. Darum können wir ein Symbol auch nicht wirklich ver-*stehen*, wohl aber er-*kennen*. Die Erkenntnis eines Symbols wird für uns immer ein wirklicher Aha-Effekt sein.

Im Symbol begegnen wir mit dem Urtümlichen der im Symbol repräsentierten Wirklichkeit. Darum sind Symbole machtvoll. **Im Symbol ist diese Wirklichkeit selbst präsent**. Das Zeichen ist nicht Träger einer eigenen Wirklichkeit, es weist auf eine andere Wirklichkeit hin. Das Symbol dagegen ist eine Art geheimnisvoller Energiekanal und verbindet uns ganz real mit der im Symbol anwesenden Wirklichkeit. Deshalb hat das Symbol Macht, das Zeichen nicht.

Beispiel: Ein Stop-Zeichen im Straßenverkehr weist uns auf eine mögliche Gefahr hin, die nicht im Zeichen selbst vorhanden ist, sondern auf der Straße. Das Verkehrszeichen selbst hat keine Macht, es kann mich nicht stoppen und nicht bestrafen, wenn ich es ignoriere.

Im Ring meines Vaters aber sind mein Vater selbst und meine Beziehung zu ihm gegenwärtig. Ein Symbol ist Energieträger.

Für die Wirklichkeit und Wirkung von Symbolen bietet die Religion viele gute Beispiele:

*Das **christliche Abendmahl** war im Mittelalter und ist noch heute im katholischen Glauben eine im wahrsten Sinne des Wortes wunderbare Handlung. Der Priester verwandelt in der Zeremonie das Brot in den wahren Leib Christi und das Wein in das wahre Blut Christi. Während für das Bewusstsein Brot und Wein immer noch dasselbe sind, was sie waren, hat sich doch das Wesen für die symbolische Wahrnehmung verwandelt. Brot und Wein sind nicht einfach nur Zeichen – dann würden sie auf eine andere Realität verweisen -, sondern sie sind wahrhafte Symbole: Brot und Wein s i n d jetzt ganz real Leib und Blut Christi.*

Das Symbol kann ausschließlich mit der Energie des Urtümlichen erfasst werden, nicht durch das Bewusstsein allein. So kommt es sehr häufig vor, dass das bewusste Ich dem Symbol ganz andere Bedeutungen beimisst als es in Wahrheit repräsentiert. Ein schönes Beispiel für diese völlig verschiedenen Interpretationen ist:

162

Das christliche Kreuz:

Zu Beginn der Christenheit, also in den ersten Jahrhunderten, war die Gestalt des christlichen Kreuzes gleichschenklig und oft durch einen geschlossenen Kreis umschlossen dargestellt. Dieses gleichschenklige Kreuz mit dem äußeren Kreis war das Symbol der Ganzheit, Einheit, Harmonie und Erlösung. Christus wurde in der Mitte stehend als Weltherrscher, als Auferstandener und Erlöser dargestellt. Dieses alte Kreuz ist ein Ursymbol der Menschheit, wir finden es in allen uns bekannten Kulturen. In Asien tritt es uns im Buddhismus als das Rad des Seins entgegen. Bei den Indianern Nordamerikas finden wir dasselbe Kreuz als Medizinrad. Auch für die ersten Christen war dieses gleichschenklige Kreuz mit dem Kreis in der Tat das Symbol für das, was sie glaubten: Auferstehung, Erlösung, Ganzheit, Heilsein etc.

Doch im Mittelalter wandelte sich das christliche Kreuz. An die Stelle des alten, gleichschenkligen Kreuzes mit dem Kreis trat nun das Kreuz der Hinrichtung und des Todes, das bis heute maßgeblich den christlichen Glauben symbolisiert: ein langer vertikaler und ein kürzerer horizontaler Balken. Dieses Kreuz symbolisiert nun nicht mehr Ganzheit, Heilsein und Erlösung, sondern Leiden, Sterben und Tod. Spätestens seit dem Hochmittelalter lässt sich die christliche Kirche von diesem Symbol des Leidens, Sterbens und des Todes leiten – ohne es bewusst zu bemerken. Im Gegenteil: Jeder Christ und jeder Theologe würde diese Deutung aufs Schärfste ablehnen und bestreiten. Dabei sind noch sehr viele dieser Kreuze mit dem leidenden und sterbenden Jesus geschmückt. Dennoch hält das Bewusstsein an einer vollkommen anderen Deutung fest.

Symbol für Leiden und Tod   Symbol für Ganzheit und Vollständigkeit

Es ist nach meiner Erfahrung die Regel, dass das bewusste Ich das Symbol nicht erkennt oder ihm eine vollkommen andere, meist falsche Interpretation zuweist. Eine wesentliche Rolle dabei spielt natürlich die Verdrängung und die dahinter wirkende Angst vor der eigenen Wahrheit.

Symbole im wachen Leben

Unser Lebensalltag ist voller Symbole und **es gibt absolut keinen Unterschied zwischen den Symbolen des Traumes und denen unseres wachen Lebens.** Das ist eine der wichtigsten Einsichten, die ich in der Arbeit mit Träumen gewonnen habe.

Für uns Menschen kann alles zu einem Symbol werden, doch immer hat die Wahl eines speziellen Symbols einen Grund in uns.

Neben den zahlreichen kollektiven allgemein-menschlichen Symbolen, die in unserem Urtümlichen mit unserer Existenz gegeben sind, gibt es unzählige individuelle Symbole. Wach- und Traumleben machen hier wieder keinen Unterschied. Letztlich kann alles, jeder beliebige Gegenstand, zu einem individuellen Symbol für uns werden. Wir müssen nur eine spezielle Wirklichkeit damit verbinden.

164

Exkurs: die Allergie

Ein schönes Beispiel für die Wirkung und die Macht von Symbolen im wachen Leben ist das Phänomen der **Allergie**.[34] Heute haben immer mehr Menschen irgendwelche Allergien und es ist überhaupt noch nicht erkannt, dass die Grundlage dieser gesundheitlichen Störung auf der Wirkung von Symbolen beruht.

Unter rein biologischen und biochemischen Kriterien ist das Phänomen der Allergie nicht zu verstehen. Untersuchen wir Hundehaare, Pferdehaare, Katzenhaare auf giftige Stoffe, die unser menschlicher Körper von Natur aus ablehnen müsste, so finden wir nichts. Ebenso ergeht es mit der biochemischen Untersuchung von Früchten oder Nüssen. Das alles ist sehr gesund, wir sollte eine Menge davon zu uns nehmen und es ist kein giftiger Stoff zu finden, der eine derart allergische Reaktion rechtfertigen würde. Der Hund ist der Begleiter des Menschen soweit wir zurück denken können in der Geschichte. Pollen gehören zum natürlichen Lebensumfeld des Menschen. Wir sind von Natur darauf eingerichtet, damit ganz einfach klar zu kommen. Das heißt, auf der naturwissenschaftlichen Ebene bleibt die allergische Abwehrreaktion gegen solche Stoffe völlig unerklärlich.

Das Wissen um die Macht der Symbole erklärt sehr wohl die furchtbaren Abwehrreaktionen gegen bestimmte Stoffe der Natur, die normaler Weise keine negative Reaktion in unserem Körper erschaffen dürften.

Die Allergie ist eine körperliche Reaktion auf Symbole. Der Stoff, gegen den ein Mensch allergisch reagiert, ist nichts anderes als **eine auf die äußere Welt verlagerte Verdrängung.** Jener Stoff, der eine allergische Reaktion provoziert, ist ein – genau genommen **DAS Symbol für ein verdrängtes, noch unbewusstes Problem**. Der Allergiker

---

[34] Vgl. hier auch mein Buch „Die Botschaften der Allergien"

muss sich nun ständig mit diesem Symbol beschäftigen, um es zu vermeiden. Auf diese Weise hat er auf der bewussten Ebene zumindest eine Möglichkeit der Vermeidung = Verdrängung. Die starken körperlichen Reaktionen, die eine Allergie oft auslöst, zeugen dramatisch von der enormen Macht der Symbole. In dem Symbol, das die Allergie auslöst (der Hund, die Katze, die Nuss etc.) ist das verdrängte Problem anwesend und deshalb mächtig. Ich kenne kein stärkeres Beispiel für die Macht der Symbole als die Allergie.

Ob zum Beispiel ein Mensch immer wieder von Katzen träumt, die ihn im Traum bedrohen oder unangenehm berühren oder ob dieser Mensch eine Katzenallergie entwickelt, macht überhaupt keinen Unterschied für die Deutung. Die Katze ist in beiden Fällen ein absolut identisches Symbol. Dieser Mensch hat ein Problem mit dem Weiblichen und der weiblichen Energie und Macht. Denn das symbolisiert die Katze.

Ob ein Mensch von Nüssen träumt oder eine Nussallergie entwickelt, hat wiederum denselben symbolischen Hintergrund: hier handelt es sich um ein Problem mit der männlichen Sexualität. Nüsse sind ein Symbol für die männlichen Hoden und repräsentieren das männliche Prinzip.

Diese beiden Beispiele zeigen Allergien, die auf kollektiven Symbolen beruhen.

Andere Allergien beziehen sich auf individuelle Symbole, die der einzelne Mensch aufgrund bestimmter Erfahrungen selbst erschaffen hat.

Eine Frau aus meiner Beratungsarbeit hatte eine Allergie gegen Perlmutt -Knöpfe. Ich forderte sie auf, genau wie bei der Traumdeutung, frei zu assoziieren, was ihr zu Perlmuttknöpfen einfiel und vor allem, *wer* ihr dazu einfiel. Sie brauchte nicht lange, um auf ihren Vater zu kommen, was ihr die Vermutung nahelegte, dass es in ihrer Kindheit zu sexuellen Übergriffen des Vaters gekommen war.

Für die Behandlung von Allergien ist ein solches Verständnis der Symbole von großer Bedeutung, da die allergische Reaktion in dem Fall aufhört, wo das dahinter liegende Problem aus dem Urtümlichen ins Ich-Bewusstsein aufsteigen darf.

In meinen Seminaren arbeite ich immer mit Symbolen, um auf diese Weise Menschen zu unterstützen, ihre wirklichen Probleme und Blockaden zu erkennen und zu überwinden. Dabei nutze ich genau die gleichen Methoden wie in der Traumdeutung, obwohl ich mit Symbolen des wachen Lebens arbeite. Ich lasse meine Teilnehmer Symbole für ihre Hauptblockaden mitbringen oder auch für ihren Hauptwunsch für die Zukunft. Ich fordere sie auf, diese Symbole intuitiv auszusuchen und nicht mit dem Bewusstsein. Auch weise ich sie darauf hin, dass sie die von ihnen ausgesuchten Symbole nicht verstehen müssten, sie sollen ausschließlich auf ihre Gefühle und ihre Intuition hören. So kommt es regelmäßig zu wunderbaren Überraschungen bei der Deutung, wobei, wie bei der Traumdeutung, der Teilnehmer frei assoziiert und auch selbst das letzte Kriterium der Interpretation bleibt.

Der Lippenstift
Eine Frau brachte ihren Lippenstift als Symbol für ihre Hauptblockade mit ins Seminar. Ihre bewusste Interpretation war, dass sie sich immer für andere hübsch machte, sich aber in diesem Verlangen nach der Anerkennung der Männer auch verstecken würde. Die intensive Arbeit mit diesem Lippenstift brachte dann aber eine vollkommen andere Deutung ans Licht des Bewusstseins. Auf dem Lippenstift fanden sich Initialen, die diese Frau an ihren eigenen Vater erinnerten. Der Lippenstift selbst zeigte ihr nach einigem Hoch- und Herunterdrehen einen Penis. Am Ende symbolisierte dieser Lippenstift das unbewusste Bedürfnis dieser Frau, die sexuelle

167

Aufmerksamkeit ihres Vaters zu bekommen. Das war ihre wirkliche Hauptblockade. Die Erkenntnis war schockierend und befreiend zugleich.

Das Röntgenbild

Ein Mann Mitte dreißig brachte als Symbol seines Hauptwunsches ein Röntgenbild seines eigenen Schädels mit. Seine bewusste Interpretation dafür war, dass es sein Wunsch sei, alt zu werden. Als der Mann sein Röntgenbild in die Höhe hielt, ging ein kleiner Aufschrei durch die Gruppe, denn jeder konnte klar und deutlich sehen, dass dies das Bild eines Totenkopfes war. Es stellte sich heraus, dass es der unbewusste Wunsch dieses Mannes war, zu sterben, abzutreten, aufzuhören. Das individuelle Symbol war wunderbar gewählt.

Die Beispiele zeigen, dass sowohl kollektive als auch individuelle Symbole nicht nur den Traum, sondern in starker Weise auch unser waches Leben prägen. Noch einmal:
Es gibt keinen Unterschied zwischen den Symbolen des Traumes und des wachen Lebens. Sie sind ein und dasselbe.

Wir tragen ständig Symbole mit uns herum, meist ohne es zu wissen. Unsere Ringe, Ketten, Talismane und Schmuckstücke sind fast immer symbolisch. Sie stehen für eine Wirklichkeit, mit der wir uns, ohne es bewusst merken, verbinden.

In meiner Seminararbeit fordere ich deshalb alle Menschen auf, die negativen Symbole (die für eine Blockade, eine Angst, einen negativen Wunsch etc. stehen) physisch loszulassen oder gar zu vernichten. Dieser reale Akt des Loslassens oder Vernichtens ist wichtig, damit die in dem Symbol anwesende Wirklichkeit von den Menschen weggeht. Denn das Symbol ist Träger dieser Wirklichkeit.

168

Nicht immer ist das Symbol so eindeutig zu interpretieren wie in den oben genannten Beispielen. Oft sind Symbole mehrdeutig und – gemäß der Wirklichkeit des Urtümlichen – sogar gegensätzlich. Ein Symbol kann also durchaus verschiedene Deutungen beinhalten, die sich gegenseitig bewusst ausschließen.

Das Handy

Eine Frau brachte ein Handy als Symbol ihrer Hauptblockade mit ins Seminar. Auf der bewussten Ebene stand es dafür, dass sie endlich einmal ihre Ruhe haben wollte, weil sie sich von den ständigen Anrufen anderer Leute und deren Problemen belästigt fühlte.

Nach einiger Arbeit mit dem Symbol kamen ganz andere Be-Deutungen ans Licht des Bewusstseins. Das Handy symbolisierte ihre sehr ambivalente Vaterbeziehung. Einerseits wollte sie ihren Vater vollkommen loslassen, weil er sie sehr verletzt hatte. Andererseits wollte sie den Kontakt und die Zuwendung des Vaters. Das Handy stand für beide Bedeutungen: „Rufe mich nie mehr an! Du hast mich verletzt, ich hasse dich dafür und will keinen Kontakt mehr." Und zugleich: „Rufe mich endlich an! Ich liebe dich, mache endlich die Enttäuschung wieder gut, indem du mich bedingungslos liebst."

Das Handy offenbarte die ambivalente Wahrheit ihrer Gefühle für den Vater.

Kollektive Träume und Symbole – die Märchen

Eine andere Beispielfülle für kollektive Symbole eröffnen uns die Märchen[35] der Völker. In unserem Kulturkreis sind es besonders die von den Brüdern Grimm gesammelten Volksmärchen. Jedes dieser Märchen kann als ein kollektiver Traum verstanden und interpretiert werden. Die symbolischen Bilder der Märchen sind genau dieselben wie im Traum. Die Märchen liefern uns wunderbare Einblicke in die Grundprobleme des Menschseins. Sie sprechen direkt und ohne Umwege unser Urtümliches an. Da sie sich in kollektiven, allen Menschen des Kulturkreises gemeinsamen Symbolen und symbolischen Bildern ausdrücken, kann sie jeder, ob Kind oder Erwachsener, im Urtümlichen aufnehmen. Wenn wir unseren Kindern Märchen vorlesen, liefern wir wichtige Informationen über das Leben und die wirklich wichtigen Probleme, die es zu meistern gilt, direkt an das Urtümliche der Kinder. Weder der Erwachsene noch das Kind vermag in diesem Fall auf der bewussten Ebene zu sagen, wovon das Märchen wirklich spricht, obwohl beide es auf der unbewussten Ebene wissen.

Märchen liefern uns ebenso Einsichten in wichtige Strukturelemente des Urtümlichen, die ich mit Hellinger die natürlichen Ordnungen nennen möchte.

Dazu gehört zum Beispiel, dass dort, wo Kinder eine Rolle spielen, immer auch Mutter und Vater vorhanden sein müssen. In vielen Märchen kommt nur ein Elternteil ausdrücklich zur Sprache, was uns darauf hinweist, den anderen Elternteil in einem anderen symbolischen Bild zu suchen.

---

[35] Vgl. hierzu mein Buch: „Märchenstunden für Erwachsene. Was uns die Grimmschen Volksmärchen wirklich erzählen. 2013

Beispiel: Rotkäppchen und der Wolf

Dieses Märchen erzählt uns in den symbolischen Bildern des Urtümlichen die Geschichte eines Kindesmissbrauchs. Es könnte so oder zumindest ganz ähnlich auch von einer Frau oder einem Kind geträumt werden, da genau dieselben Bilder und Symbole wie im Traum verwendet werden.

Wir finden Rotkäppchen allein mit der Mutter. Diese schickt das Kind in den dunklen Wald zur Großmutter, wohlwissend, dass im Wald der Wolf lauert. Der Wolf ist der Vater. Wie im Traum von den schlafenden Schäferhunden (siehe oben) symbolisiert der Wolf die männliche und väterliche Energie. Das Mädchen geht also, dem Auftrag der Mutter folgend, in den Wald und trifft tatsächlich den Wolf (den Vater), der sie fressen (missbrauchen) will. Doch anders als zu erwarten war, stürzt sich der Wolf im Märchen nicht gleich über das zarte Frischfleisch, sondern geht zuvor zur Großmutter, um diese zuerst zu fressen. Dann erst frisst er auch Rotkäppchen.

Bereits die rote Farbe des Käppchens symbolisiert, dass es sich hier um ein sexuelles Thema handelt. Ganz wie im wahren Leben schickt die Mutter die eigene Tochter in den Missbrauch, natürlich nicht bewusst, aber unbewusst. Warum tut sie das? Weil es ihr eigenes unbewusstes Muster ist, das sie bereits von ihrer eigenen Mutter übernommen hat. Der Wolf frisst die Großmutter zuerst. In dieser Reihenfolge zeigt uns das Märchen ein uraltes unbewusstes Verhaltensmuster: die Großmutter ist als erste missbraucht worden, vermutlich vom eigenen Vater. Daraus können wir schließen, dass auch die Mutter von Rotkäppchen missbraucht wurde, denn sie schickt nun - unbewusst – die Tochter zum Wolf (Vater). Aus der Therapie von missbrauchten Frauen wissen wir heute, dass diese Muster in der Tat sehr oft auf diese Weise weitergegeben werden. Ich habe genau dieses Muster in meiner Praxis oft erlebt.

Das Märchen agiert also auf genau derselben Ebene wie der Traum, es bedient sich derselben Bilder und Symbole und es handelt, wie der Groß- oder Albtraum, von bedeutenden Problemen, die es zu meistern gilt.

Wir müssen davon ausgehen, dass die von den Märchen auf der unbewussten Ebene erzählten Probleme so lange akut sind, wie diese Märchen erzählt werden. Genau wie der Traum gibt es viele Märchen, die uns nur das Problem auf drastische Weise darlegen und andere, die uns Auswege zeigen und Lösungen anbieten. Eine weitere Gemeinsamkeit mit dem Traum besteht darin, dass sich auch die Märchen nach den verschiedenen Traumkategorien aufgliedern lassen. Es gibt also Märchen, die dem Albtraum entsprechen (z.B. die vom Gefressen-Werden wie bei Rotkäppchen oder Hänsel und Gretel). Andere Märchen haben spirituellen Charakter und entsprechen den spirituellen Träumen (z.B. Die Kristallkugel). Wieder andere Märchen entsprechen den Großträumen (z.B. Frau Holle).

Die Wirklichkeit des Symbols ist auf **allen** Ebenen des Lebens zu finden. Der Traum ist nur ein Bereich, in welchem das Symbol eine überragende Bedeutung besitzt.

Zusammenfassend stelle ich fest, dass das Symbol der beste Repräsentant der Wirklichkeit an sich ist. Nichts ist dem Wesen der Wirklichkeit näher als das Symbol. Oder anders formuliert: für uns Menschen ist die Wirklichkeit immer nur symbolisch abzubilden.

172

Verkehrsmittel

Das Auto kommt oft in Träumen vor. Vom Wortsinn her (aus dem Alt-Griechischen AUTOS = selbst) legt uns das Auto die symbolische Bedeutung unseres Ichs nahe. Allgemein repräsentiert das Auto unser Ich, unsere Gesamtpersönlichkeit. Es zeigt uns an, wie und wohin wir uns fortbewegen. Gerade beim Auto ist der Symbolwert oft auch im Wachzustand stark und leicht nachvollziehbar. Besonders in Deutschland identifizieren sich viele Menschen mit dem eigenen Auto, vor allem mit der Marke. Es ist ein Statussymbol und ein hochemotionales Identifikationsobjekt. Das Auto steht oft im wachen Leben für den Selbstwert und die Rolle, die jemand in der Gesellschaft einnehmen möchte. Der Angriff auf das Auto wird in der Regel wie ein Angriff auf die eigene Person erlebt. So auch im Traum: hier zeigt uns das Auto in der Regel den Zustand unseres Ichs, wie das Urtümliche es sieht. Autoträume sind in vieler Hinsicht aufschlussreich.

Folgende Fragen können bei der Interpretation weiterhelfen: Um wessen Auto handelt es sich? Wenn es das eigene Auto ist: wie sieht es aus? In welchem technischen Zustand befindet sich das Traumauto? Ist es schön und angenehm zu fahren oder ist es eine Klapperkiste, die gleich in alle Einzelteile auseinander zu fallen droht? Wer sitzt am Steuer? Sitzt der Träumer selbst am Steuer, dann hat er „das Steuer in der Hand" und führt sich selbst durch sein Leben. Sitzt jemand anders am Steuer, so deutet es darauf hin, dass dieser andere Mensch derzeit das Steuer in der Hand hat und das Leben des Träumers zu lenken scheint. Sitzt der Träumer in einem fremden Auto, dann liegt die Vermutung nahe, dass er nicht sein eigenes Leben lebt, sondern das eines anderen oder für jemand anderen. Wir geben oft die Macht über unser Leben an andere Menschen ab, ohne

173

es bewusst mitzubekommen. Der Traum zeigt uns das im Bild des fremden Fahrers oder Autos.

Der Mercedes ohne Stern

Ein Träumer sah sich in einem weinroten Mercedes auf dem Weg zu seiner Familie, vor der er durch Scheidung schon einige Zeit getrennt lebte. Im Traum fuhr er angestrengt durch enge, stark befahrene Gassen. Plötzlich sieht er, dass dieser Mercedes keinen Stern am Kühler hat. Das versetzt den Träumer in helle Aufregung. Denn er weiß genau: das ist nicht mein Auto, denn ich habe einen Mercedesstern am Kühler. Mir wurde ein falsches, minderwertiges Auto untergeschoben. Wutentbrannt fährt der Mann zurück (zu einer Werkstatt?), um sich zu beschweren und seinen eigenen Wagen wieder zu bekommen. Dort angelangt, brüllt er und schimpft, bis er wirklich seinen eigenen Mercedes mit Stern erhält.

Der Träumer fuhr seit vielen Jahren keinen Mercedes im wachen Leben. Doch diese Automarke symbolisierte auch im Traum den Wert. Es handelt sich um eine wertvolle Automarke, mit dem sich der Träumer hier identifizierte.
Die Deutung offenbarte dem Träumer, dass er sich seiner Familie gegenüber scheinbar minderwertig fühlte (fehlender Stern) und dass seine Entscheidung für seine Familie von einem tiefen Sicherheitsbedürfnis (weinrote Farbe) geprägt war. Im Traum schaffte es der Träumer, den eigenen Wert wieder aufzuwerten (Mercedes mit Stern) und ein positives Verhältnis zu sich selbst zu gewinnen.

Der **Bus** symbolisiert eher den schicksalhaften Weg durch das Leben, weil er ein öffentliches Verkehrsmittel ist und in der Regel nach einem festen Plan fährt. Er repräsentiert eine größere Gemeinschaft, also die Familie oder „Sippe". Bei

174

Busträumen kann es hilfreich sein, wenn sich der Träumer die kollektiven unbewussten Muster der eigenen Familie bewusst anschaut. Wer sitzt dort mit in dem Bus? Wo fährt der Bus hin? In vielen Familien werden blockierende Denk-, Gefühls- und Handlungsmuster von Generation zu Generation weitergegeben. Ein Bus könnte für diese Art von Familienschicksal ein treffendes Bild sein.

Der **Zug** symbolisiert das Schicksalhafte unseres Lebensweges. Während das Auto, von einem individuellen Fahrer gelenkt, fast überall hinfahren kann, muss der Zug auf vorgegebenen Schienen fahren. Auch fahren Züge nach einem vorgegebenen Fahrplan, er wartet in der Regel nicht auf uns, damit repräsentiert er die Unerbittlichkeit des Schicksalhaften. Viele Träumer verpassen im Traum den Zug, was in der Regel darauf hinweist, dass sie im Leben etwas Schicksalhaftes verpasst haben: vielleicht Partnerschaft, Mutterschaft, Vaterschaft, Erwachsenwerden, eine Chance, eine wichtige Erfahrung etc. Zugträume künden meist vom Annehmen oder Verpassen größerer Lebensaufgaben und/oder nächster Lebensschritte, die zu unserem Reifungsprozess gehören. Sprichworte wie „Der Zug ist abgefahren" zeugen davon, dass jede Entwicklungsstufe ihre eigene Zeit hat, die wir bejahen oder verneinen, nicht aber völlig frei wählen können. Wir müssen uns nach dem Zug richten, nicht der Zug nach uns. Darin wird das Schicksalhafte und Übergeordnete symbolisiert.

Der rückwärts fahrende Zug

Ein Träumer wurde im Traum an den Ort seiner Kindheit zurückversetzt. Er steht während der Nacht auf einem ihm bekannten Bahnhof und wartet auf den Zug, der ihn an seinen Geburtsort fahren soll. Als Kind fuhr er diese Strecke im wachen Leben fast jede Woche. Der Zug fährt ein, kommt aber nicht zum vollständigen Stillstand, so dass der Träumer aufspringen muss. Er schafft es problemlos, einzusteigen, steht nun im Zug. Im letzten Wagen ist ein Fenster im Gang, so dass er die Schienen sieht, er blickt in die Richtung, aus welcher der Zug kam. Plötzlich bewegt sich der Zug rückwärts. Die Lokomotive zieht nicht den Zug in die richtige Richtung, sondern schiebt ihn zurück. Der Träumer reagiert mit Verwirrung und Panik. Auf einmal steht der Zugführer, der Mann mit der roten Mütze, im Gleisbett, um sich dem rückwärts fahrenden Zug entgegenzustellen. Mit warnenden Gesten versucht er, den Zug zu stoppen. Doch der Zug rollt immer schneller und schneller rückwärts – und schließlich überfährt der den warnenden Zugchef.

Dieser Zug-Traum zeigte dem Träumer an, dass er sich zu sehr mit der eigenen Vergangenheit beschäftigte und diese Ausrichtung falsch und schädlich war. Der Zug-Chef mit der roten Mütze symbolisierte die innere Führung, auf die der Träumer nicht hören wollte, wie der Traum ihm zeigte.

Die **U-Bahn** fährt unter der Erde und symbolisiert damit unseren unterbewussten und unbewussten Lebensweg. Ein Traum von der Untergrundbahn fordert uns in der Regel auf, Licht in unseren geheimen Lebensweg zu bringen. Sie kann uns aber auch hinab fahren in eine andere Dimension unseres Lebens. Ein spiritueller Traum eines Träumers begann mit einem U-Bahn Traum. Er saß in einer U-Bahn, die ihn tief nach unten in eine andere Dimension fuhr, es folgten dann Bilder aus einem früheren Leben.

Flugzeuge können uns verschiedene Aspekte zeigen. Für viele Menschen ist Fliegen die höchste Form des Sich-Auslieferns. Als Passagier (anders als der Pilot) haben wir keinen Einfluss auf das Geschehen, wir sind völlig ausgeliefert. Zudem verlassen wir den Bereich, der uns Menschen zugewiesen ist: Die Sicherheit der Erde. Das Flugzeug kann uns auf eine Lebenssituation hinweisen, in der wir „abgehoben" sind und wir damit den Boden unter den Füßen verloren haben. Es kann uns aber auch vom Loslassen erzählen und uns auffordern, Vertrauen zu haben.

Flugzeugabstürze zeugen oft von unserer Angst, im Leben zu scheitern und zu versagen, eben „abzustürzen". Diese Träume fordern uns auf, ehrlich unsere gegenwärtige Lebenssituation anzuschauen und dabei vor allem auf unsere Ängste zu achten.
Positive Flugzeugträume können uns darauf hinweisen, dass wir gerade dabei sind, eine neue Dimension zu erklimmen. In anderen Zusammenhängen kann das Flugzeug auch ein Penissymbol sein und sexuellen Charakter haben, was in meiner Praxis allerdings fast nie vorkam.
Wichtig für die Deutung ist die Einstellung des Träumers zum Fliegen und die Stimmung des Traumes (Angst oder Wohlsein). Ebenso ist es wichtig, auf die Pointe des Traumes zu achten, handelt es sich um einen Absturz, eine Notlandung oder aber um einen wunderschönen Flug in einem Bereich, wo die Freiheit grenzenlos ist...

Das **Schiff** mit der Verbindung zum Wasser deutet darauf hin, dass es sich in diesen Träumen um die Begegnung mit dem Urtümlichen handelt. Denn Wasser, vor allem das große Wasser wie Meere und Ozeane, symbolisiert das Urtümliche. Ebenso kommt auch alles Leben aus dem Wasser, weshalb wir in den Märchen oft das „"Wasser des Lebens" finden. Das

Schiff wird somit zum Symbol für unser gegenwärtiges Leben oder unser Ich, das seinen Weg sucht und dem „anderen Ufer" zustrebt. Das Schiff wird vom Wasser getragen, unser Ich wird vom Urtümlichen getragen. Wie das wirkliche Schiff, dürfen auch wir nicht kentern, da wir sonst untergehen. Schiffe symbolisieren oft unsere große Lebensreise, vielleicht die Übergänge von einer großen Lebensphase in die andere. In mythologischen Bildern wird der Tod als das letzte Ufer dargestellt, dem wir mit dem Schiff über das Meer des Lebens entgegenfahren. Wasser trägt und bedroht das Schiff. Wir verlassen mit dem Schiff den festen Boden unseres Bewusstseins und liefern uns Wind, Wetter und den Urkräften des Meeres aus. Auf diese Weise lernen wir Vertrauen auf der großen Reise, die unser Leben ist. Das sinkende Schiff zeigt uns die Gefahr an, im Urtümlichen zu versinken. Manchmal schlagen haushohe Wellen über uns zusammen, das Meer tost – dann mag es auch im bewussten Leben so sein, dass uns alles über dem Kopf zusammenschlägt, uns etwas über den Kopf wächst oder wir uns einer Lebens- und Veränderungssituation nicht gewachsen fühlen.

Im weitesten Sinne symbolisiert das Schiff im Traum unser Verhältnis zum eigenen unbewussten, urtümlichen Bereich.

Ein schönes Beispiel für einen Schiffstraum brachte mir ein junger Mann:

Misslungenes Anheuern

Es ist ein sonniger, heller Tag. Der Träumer befindet sich in einem Hafen. Überall sind Schiffe aller Größen und Formen. Auf ihnen sind die Mannschaften geschäftig dabei, die Schiffe klar zu machen. Der Träumer will mitfahren, denn er weiß davon, dass es um eine große Tour geht, die er sich nicht entgehen lassen möchte. So geht er von einem Schiff zum anderen und fragt, ob er mitfahren kann. Überall wird er abgewiesen. Immer wieder wird ihm gesagt, dass die

Mannschaft schon vollständig sei und niemand mehr benötigt wird. Der Träumer hat ein kleines, spitz zulaufendes, dunkelgrünes Boot unter seinem Arm, eine Art Kinder- oder Modellboot. Die anderen Menschen lachen ihn dafür aus. Dann taucht eine sehr attraktive, junge Frau auf, die sofort die wohlwollende Aufmerksamkeit des Träumers auf sich zieht. Sie kommt ihm gleichsam zu Hilfe und läuft nun voran. Nun fragt die hübsche Dame die Mannschaften, doch trotz ihrer attraktiven Weiblichkeit und ihres Charmes bekommt auch sie nur Absagen. Der Segel- und Bootstour soll bald starten. Schließlich baut sich der Träumer selbst ein Schiff mit Hilfe der schönen Frau. Nach Fertigstellung des Schiffes steigt der Träumer mit seinem kleinen, grünen Kinderboot ein.

Die Deutung zeigte dem Träumer, dass er bisher immer versucht hatte, bei anderen Menschen mitzufahren, das heißt: mit anderen Menschen in deren Leben mit zu leben. Ihm war es noch nicht gelungen, ein eigenes Leben und ein eigenes stabiles Ich (eigenes Schiff) aufzubauen. Er hält auch am Traum an seinem kleinen Kinderboot fest. Das ist sein Wunsch, Kind zu bleiben und sein Widerstand, erwachsen zu werden. Dieser Widerstand wird durch die Farbe Grün unterstrichen. Die Frau ist eine traumhafte Wunscherfüllung. Im wachen Leben hat der junge Mann weder eine Frau noch eine Freundin. Der Traum macht's möglich: hier kommt die Traumfrau und übernimmt auch noch die Aufgabe, für ihn zu fragen. Was die Frau betrifft, ist der Traum Wunscherfüllung, was die Situation mit dem Schiff betrifft, zeigt der Traum dem Träumer die Realität: niemand nimmt ihn mit, er muss sein eigenes Boot bauen, das ist: sein eigenes Ich, sein eigenes Leben aufbauen.

Technische Geräte

Das Mobil-Telefon (in allen seinen Arten) ist in den letzten 15 Jahren zu einem hochemotionalen und energetisch stark besetzten Symbol geworden.[36] Es symbolisiert Bindung und Verbundenheit. Allerdings in einer abstrakten Weise. Sowohl im wachen Leben als auch im Traum ist dieses technische Gerät eine Bindungs-„Krücke". Während sich wirkliche, emotional verlässliche Bindung immer mehr auflöst, verlagert sich Bindung und Verbundenheit immer mehr in den abstrakten Bereich. Davon spricht das Symbol des Handys und aller ähnlichen Kommunikationsgeräte. Es ist sozusagen der letzte Anker der Verbundenheit, die selbst bedrohlich schwach geworden ist. Handyträume haben oft mit dem möglichen Verlust des Gerätes zu tun und sind deshalb von dieser Angst geprägt. Es ist dieselbe Angst, die Menschen auch im wachen Leben haben, wenn sie ihr Handy verlieren. Dort drinnen ist das ganze Bindungsleben gespeichert: Adressen, Menschen, Telefonnummer. Das Handy zu verlieren bedeutet heutzutage, die Bindungen zu verlieren und dadurch isoliert und abgeschnitten von den eigenen sozialen Kontakten existieren zu müssen. Allerdings ist das Handy bereits ein Symbol für den Verlust ursprünglich-bergender Bindungen. Es symbolisiert den abstrakten Charakter der sozialen Bindungen, die sich bereits lebensgeschichtlich von ihrem direkten und unmittelbaren natürlichen Charakter gelöst haben. Das Handy ist symbolisch die „letzte Bastion" der ohnehin schon in Auflösung begriffenen natürlichen sozialen Bindungen. Aufgrund dieser starken symbolischen Aufladung ist das Handy zum „Schatz" moderner Menschen geworden, deren

---

[36] dazu auch mein Artikel „Das Mobiltelefon und die Einsamkeit der Seele" in meinem Buch" Abwärts. Unzeitgemäße Betrachtungen zur gesellschaftlichen Entwicklung".

soziale Bindungen immer abstrakter und oberflächlicher werden. Kaum ein anderer technischer Gegenstand ist derzeit symbolisch so stark aufgeladen wie das Handy der meisten Menschen. Ein Blick in das öffentliche Leben zeigt das deutlich: Überall gebückten Menschen, die nur noch auf ihr mobiles Kommunikationsgerät fixiert sind und darüber nicht mehr wirklich gegenwärtig sein können. Vielmehr befinden sie sich ständig in einer abstrakten Welt, dem „Netz", in welchem sie gegen ihr unbewusstes Gefühl, in einer zunehmend beziehungslosen und kalten Welt verloren zu gehen, ankämpfen…

Der **Computer/Laptop** symbolisiert im weitesten Sinne unser mentales Zentrum, also unsere unbewussten „Programme", unsere mentale „Software", nach der wir unser Leben gestalten. Darüber hinaus symbolisiert er natürlich auch ganz ähnliche Inhalte wie das mobile Telefon, sofern der Gebrauch des Internets im Vordergrund steht. Deshalb ist es auch hier wichtig, auf das Individuelle des Träumers besonders zu achten. In welchem Verhältnis steht der Träumer zu dem Computer? Ist damit sein/ihr Arbeitsplatz aufgerufen? Oder eher die Kontakte übers Internet? Oder die Pornoseiten, die seinem moralischen Gewissen zu schaffen machen…?

Der silberne Apple-Laptop
Eine Frau von Mitte 30 brachte als Symbol ihrer Hauptblockade einen silber glänzenden Apple-Laptop mit ins Seminar. Befragt, wofür dieser Computer steht, kamen zuerst die typischen Antworten von Überarbeitung etc. Doch schließlich wurden die Assoziationen immer konkreter. „Der Laptop erinnert mich an meinen Vater…" Auf meine Frage, in welcher Weise, kam die Antwort: „Mein Vater ist Arzt und die Oberfläche des Laptops erinnert mich an seine medizinischen

181

Geräte, die er benutzt...." Letztlich wurde anhand des Laptops offenbar, dass ihr Vater Gynäkologe ist und sie, die Tochter, seit 20 Jahren seine Patientin... Das Symbol des angebissenen Apfels – das Apple-Logo – ist in unserer Kultur ein Ur-Symbol für Sünde und Schuld. Wir finden den Sündenfall auf den ersten Seiten der Bibel, vollzogen als Biss in den Apfel... Der silberne Laptop war also ein Symbol für einen versteckten andauernden sexuellen Missbrauch der jungen Frau durch ihren perversen Arztvater. Und auch hier schwingt noch die Energie eines unterbewussten Musters und „Programms" mit, weil es sich nicht nur um eine einmalige Handlung, sondern um ein familiäres Verstrickungsmuster handelte.

Erscheint das **Bügeleisen** in einem Traum, so gibt es ganz sicher irgendetwas „auszubügeln", also einen begangenen Fehler wett zu machen.

Die **Waschmaschine** dient der Reinigung, nicht nur als Haushaltsgegenstand, sondern auch als Traumsymbol. Hier wird „schmutzige Wäsche" gewaschen; es geschieht eine notwendige Reinigung. Läuft die Waschmaschine nicht ab und überflutet das Badezimmer, so fällt es dem Träumer schwer, das Alte und „Schmutzige" loszulassen. Wie alles hier Beschriebene, so gilt das nicht nur für Träume, sondern auch für das wache Leben und die „zufälligen" Missgeschicke mit der Waschmaschine.

Die **Heizung** symbolisiert die emotionale und soziale Wärme in unserem Leben. Vor allem unsere eigene Fähigkeit, uns selbst emotional zu wärmen. Auch im wachen Leben geht die Heizung kaputt, wenn wir uns unbewusst in einer emotional kalten Situation befinden, uns ungeliebt, vielleicht einsam und sozial „kalt" fühlen.

Der **Backofen** symbolisiert die weibliche Vagina/Vulva zumeist unter dem Aspekt der sexuellen Erregung. Auch im wachen Leben sollten Verbrennungen am Backofen die Aufmerksamkeit auf nicht ausgelebte Sexualität lenken. Die Hitze des Backofens zeigt uns die sexuelle „Hitze" - Erregung - , die noch unbewusst bleiben muss. Diese Bedeutung finden wir auch in den Volksmärchen, z.B. in „Hänsel und Gretel" und „Frau Holle".

Tiere

Tiere sind häufige Traumgestalten. Sie stehen in einer vielfältigen Beziehung zu unserem menschlichen Dasein. Ganz allgemein symbolisieren sie unsere eigene tierische Seite, das Urtümliche, Ungezähmte, Natürliche, Aggressive und Triebhafte: Kraft, Macht, Sexualität, Aggression, Natürlichkeit, Ursprünglichkeit, den unkultivierten und unzivilisierten Bereich unserer Persönlichkeit.

Tiere haben auch eine ergänzende Bedeutung. Die Indianer kennen Kraft-Tiere, von denen jeder Mensch eines oder mehrere als Begleiter hat. Wir Europäer haben Haustiere – und wir wählen sie, weil sie etwas von uns selbst ausdrücken, sehr oft einen Teil, den wir selber gerne leben möchten, es aber nicht tun. Im wachen Leben delegieren wir an die Haustiere oft die Funktion, das, was wir selbst nicht an „tierischen" Impulsen zu leben wagen, für uns zu realisieren. So werden Tiere zu unserer Ergänzung.

Der Traum von einem Tier zeigt uns in der Regel einen Teil von uns selbst, den wir im bewussten Leben nicht sehen und wahrhaben wollen. Wichtig sind die Fragen: Was für ein Tier ist es? Welche besonderen Eigenschaften verbindet der Träumer mit diesem Tier? Wird es als angenehm und positiv

183

oder als bedrohlich und unangenehm empfunden? Hat dieses Tier schon einmal eine Rolle im Leben des Träumers gespielt? Wird der Träumer durch den Namen des Tieres an etwas Bestimmtes erinnert, z.B. an einen Kosenamen ("meine kleine Maus") oder an eine Beleidigung ("du alte Sau!")? Vielleicht wird der Träumer auch an einen anderen Menschen erinnert. Die eigenen Einfälle sind, wie immer, sehr entscheidend für die Deutung. Viele Tiere sind in den alltäglichen symbolischen Sprachgebrauch eingegangen, z.B. "geiler Hengst" oder "vögeln" für den Geschlechtsakt. Solche Assoziationen sind oft sehr wichtig und weiterführend.

Hund und **Wolf** repräsentieren die männliche Energie, wobei das nicht nur rein sexuell zu verstehen ist. Hund und Wolf symbolisieren die ursprüngliche Kraft und Macht der männlichen unbewussten Energie. Generell symbolisiert der Hund immer eine männliche Person. Die erste und wichtigste männliche Person ist unser Vater. Deshalb geht die symbolische Bedeutung des Hundes immer irgendwie auf den Vater zurück.
In den meisten Märchen ist der Wolf ein böses, reißendes und gieriges Tier: fressend, raubend und tötend. In unserer Kultur können wir davon ausgehen, dass damit zumeist der sexuell bedrohliche Vater symbolisch dargestellt wird, wie z.B. bei "Rotkäppchen und der Wolf" und "Der Wolf und die sieben Geißlein". So überrascht es nicht, dass positiv besetzte Hundeträume vor allem bei Männern auftreten. In meiner Praxis sind mir öfter Männer-Träume von schlafenden oder erwachenden Hunden berichtet worden. Die männlich-zupackende, triebhafte Energie war eingeschlafen und wollte erwachen. "Schlafende Hunde soll man nicht wecken" belehrt uns das Sprichwort. Doch der Traum zeigt uns eher das

Gegenteil: wecke deinen Hund! Lass deine männliche Energie erwachen!

Träume von Frauen und Mädchen werden den Hund eher bedrohlicher erleben. Hinter Albträumen von Hunden und Wölfen können reale Erfahrungen des Missbrauchs stehen oder andere Probleme mit dem Vater oder dem männlichen Partner.

Wenn Kinder besondere Angst vor Hunden haben, so ist der Hintergrund oft ein aggressiver oder autoritärer Vater oder eine andere männliche Person, vor dem sich das Kind fürchtet. Die Angst wird dann auf das Symbol „Hund" projiziert.

Der Hund aus Haustier ersetzt im wachen Leben immer eine nicht vorhandene männliche Person bzw. die nicht ausreichend vorhandene männliche Energie. Haben alleinstehende Frauen einen großen Hund, so ist in ihm der Partner bzw. der Vater (als Partner) stellvertretend anwesend. Ein kleiner Hund ersetzt einen Sohn oder Bruder. Männer, die sich innerlich ihrer Männlichkeit unsicher sind, halten sich große Hunde oder sogar Kampfhunde, um in und durch das Tier einen Ausgleich für die eigene männliche Schwäche zu haben. Die Hundeallergie wurzelt in einem unbewussten Problem mit dem Vater.

Die **Katze** symbolisiert die weibliche Kraft, Macht und Energie. Die Katze repräsentiert das Ur-Weibliche, das Urtümliche der weiblichen Energie. Ist der Katzentraum unangenehm oder angstbesetzt, so hat der Träumer oder die Träumerin ein problematisches Verhältnis zu dieser weiblichen Energie und Macht. Entweder handelt es sich um ein Problem mit einer weiblichen Person oder mit der eigenen Weiblichkeit. Die Katzenallergie symbolisiert genau dasselbe auf der körperlichen Ebene. Katzenallergien haben immer ein Problem mit der Weiblichkeit als psychische Ursache, letztlich mit der Mutter. Die Katze als Haustier ersetzt eine mangelnde weibliche Energie, bei Männern immer die Mutter, bei Frauen die nicht ausgelebte eigene spezifisch weibliche Energie.

Die **Schlange** ist ein Urtier und symbolisiert ebensolche urtümlichen Energien. Wir begegnen Schlangen in der Regel mit einer natürlichen Angst und erleben sie als Bedrohung. Wie alles Alte und Ursprüngliche in uns ist auch die Schlange durchweg ambivalent: positiv und negativ; faszinierend und abstoßend zugleich. Die Giftschlange kann töten und zugleich brauchen wir dieses Gift, um Menschen zu heilen. Der Heil-Stab, das Symbol der medizinischen Kunst, ist durch eine Schlange symbolisiert. In der Bibel begegnet uns die Schlange als die große Verführerin im Paradies, sie überredet Eva, vom Apfel der Erkenntnis zu kosten, was Gott verboten hatte. Somit steht die Schlange auch für eine sehr tiefe und umfangreiche Erkenntnis. Die Schlange repräsentiert uraltes Wissen. Ein Wissen, vor dem wir oft genug Angst haben, weil es sich der logischen Eindeutigkeit entzieht. Die Schlange symbolisiert Wissen und Macht. Der Traum von der Schlange zeigt uns an, dass wir einer sehr tiefen und ursprünglichen Schicht der Erkenntnis begegnet sind, der wir uns mit aller Vorsicht nähern sollten. Das Bewusstsein hat berechtigte Angst vor der Schlangen-Erkenntnis, denn es handelt sich bei der Schlange immer um ein ambivalentes, ganzheitliches Urwissen, was sich nicht rational aufschlüsseln lässt und noch tiefer in uns begründet liegt als unsere moralischen Kategorien von „gut" und „böse". In den Mythologien der Völker ist die Schlange schlau und verfügt über spezielles Wissen, dem das Bewusstsein nichts entgegenzusetzen hat.
Zugleich kann die Schlange auch **sexuelle Bedeutung** haben und als Penis-Symbol im Traum Verwendung finden. Diese Dimension scheint vom Anbeginn zur symbolischen Bedeutung der Schlange dazuzugehören. Auch in der Bibel

186

erkennen Adam und Eva als Erstes ihre eigene Nacktheit und entwickelt erst durch die Verführung der Schlange so etwas wie Scham. Ebenso scheint der Aspekt der Verführung zur Schlange zu gehören, weshalb der Volksmund eine hintertriebene und intrigante Frau eine „Schlange" nennt. Die Schlange verführt uns, den Bereich des Moralischen zu verlassen, sie selbst lebt und wirkt „jenseits von Gut und Böse". Diese Jenseitigkeit vom Moralischen muss das Bewusstsein als Bedrohung erleben, zugleich bleibt eine verborgene Verbindung gerade mit der Moral.

Der **Löwe** hat etwas Königliches und Erhabenes. Er gilt unter Menschen als der König des Dschungels und der Wüste. Der Löwe repräsentiert Kraft, Stärke, Stolz, Mut, Würde und Freiheit. Zugleich ist er Ausdruck des Tierischen und Aggressiven. Er tötet und beißt zu. Obwohl wir den Löwen zu den Groß-Katzen rechnen, symbolisiert er die männliche Energie des Urtümlichen.

Das **Pferd** symbolisiert in der Regel den integrierten Sexualtrieb. Wir haben auch in der vulgären Umgangssprache fast nur solche Assoziationen zum Pferd: „geiler Hengst" oder „geile Stute". Auch das „Reiten" hat immer einen sexuellen Aspekt. Das Pferd symbolisiert vor allem das weibliche Bedürfnis, den eigenen Sexualtrieb zu integrieren und positiv zu gestalten. Das Pferd ist, trotz seiner Größe, ein sensibles Fluchttier, es zeichnet sich als durch Feinfühligkeit aus. Viele junge Mädchen fühlen sich in der Pubertät zu Pferden hingezogen. Das „Reiten" und der Umgang mit den Pferden hilft den Mädchen unbewusst, den eigenen erwachenden Sexualtrieb zu kanalisieren und abzuleiten. Das physische Pferd ebenso wie das Traumpferd ist in der Lage, vor allem die

187

weibliche Sexualität zu kanalisieren und das Mädchen oder die Frau damit zu entlasten. Die männliche Sexualenergie lässt sich durch das Pferd nicht ableiten. Der pubertierende Junge wird also nicht durch den Umgang mit Pferden entlastet. Die Pferdeallergie ist ein Hinweis auf ein Problem mit der eigenen Sexualität, vor allem bei Frauen.

Vögel Mythologisch sind sie oft Boten aus der „anderen", der geistigen, spirituellen Welt. Einzelne Vögel symbolisieren oft einen Verstorbenen, den wir kannten. So ist auch der lebendige Vogel als Haustier in unserem wachen Leben ein Symbol für einen Verstorbenen, der uns irgendwie nahestand. Menschen, die einen Vogel als Haustier halten, verhalten sich vollkommen unbewusst zu diesem Menschen, der in dem Vogel als anwesend empfunden wird. Auch hier verweise ich auf die symbolische Weisheit der Märchen, wo z.B. in den „Sieben Raben" Tote symbolisch als Vögel wiederkehren und lebendig bleiben.
Viele unbestimmte Vögel können die Bedeutung des „Vögelns" haben und sexuelle Lust oder damit zusammenhängende Probleme symbolisieren.
Ebenso können Vögel unsere Gedanken symbolisieren. Ein Heer von schwarzen Vögeln könnte im Traum negative Gedanken abbilden, die uns unbewusst bedrücken.
Spielen die Augen der Vögel im Traum eine dominierende Rolle, etwas im Sinne der Magie oder der Lähmung durch den Blick in die Augen, dann handelt es sich sehr wahrscheinlich um eine reale Begegnung mit außerirdischen Wesenheiten, die im Traum verarbeitet wird. (siehe oben unter „Traumarten" Punkt 9)

Der **Adler** ist ein Raubtier und repräsentiert sowohl den Bereich des Spirituellen als auch Macht, denn er ist ein

188

Raubtier. In den meisten Mythologien der Völker ist der Adler ein spirituelles Symbol. Er fliegt von allen Wesen am höchsten und gilt deshalb als Gott am nächsten unter den Wesen. So gewinnt er oft die Bedeutung einer Brücke zwischen der Menschenwelt und dem Göttlichen. Traditionelle Indianer opfern auch heute noch Tabak und singen Lieder, wenn sie einen Adler sehen, weil sie glauben, dass er über sie wacht oder ihnen eine Botschaft aus der spirituellen Welt überbringt. Der Adler repräsentiert Überblick, Durchsicht, Klarheit, Weite und Freiheit, aber auch Durchsetzung, Zupacken, Entscheiden und Töten. Der Adler findet sich in vielen Wappen und Fahnen der Völker dieser Erde. Damit repräsentiert er auch Macht, Weisheit, Erhabenheit, Majestät und höhere Führung.

Insekten deuten oft auf unser Nervensystem hin. Auch im Wachzustand „nerven" uns Mücken, Wespen und Ameisen. Insektenträume können uns auf eine innere Unruhe aufmerksam machen, auf ein negatives Umtrieben- oder Getriebensein. Ein solcher Traum kann uns auffordern, uns Klarheit zu verschaffen, was uns gerade nervt und uns auf die Nerven geht, uns sticht oder an uns nagt.

Nager (Meerschwein, Hamster, Hase etc.) symbolisieren im Traum ebenso wie im wachen Leben des Erwachsenen ein infantiles Bedürfnis. Nager sind die ersten Haustiere für Kinder. Im Nager verhält sich das kleine Kind unbewusst zu sich selbst und übernimmt zum ersten Mal im Leben die Verantwortung für ein anderes Lebewesen. Die bewusste Selbstverantwortung ist noch nicht ausgebildet. Im Verhältnis zum Nager wird diese in Anfängen unbewusst ausgelebt. Der Nager ist ein Symbol für das eigene kindliche Ich. Im Traum eines Erwachsenen zeigt der Nager das Bedürfnis an, Kind zu bleiben bzw. den Widerstand, erwachsen zu sein. Das gilt ebenso für den Nager als Haustier eines Erwachsenen.

Spinnen kommen öfter in Träumen vor. Bisher haben sich alle mir bekannten Träumer vor ihnen geekelt. Die Spinne gehört, wie die Schlange, zu den Urtieren, vor denen wir Menschen einen natürlichen Ekel empfinden. Sie wohnen im Dunklen und Verborgenen und dringen aus den kleinsten Ritzen. Damit symbolisieren sie Inhalte unseres Urtümlichen, die wir für eklig oder gefährlich halten. Die Spinne selbst steht fast immer für die Mutter oder eine Mutter-Stellvertreterin und zeigt uns unsere unbewusste Angst an, in ihrem Netz erst gefangen und dann sogar gefressen zu werden. In der deutschen Sprache deutet bereits der weibliche Artikel „die" Spinne auf diesen weiblichen Charakter hin. Träumerinnen und Träumer mit Spinnenträumen oder gar Spinnen-Phobien sollten auf jeden Fall ihre Beziehung zur Mutter und (bei Männern oder Lesben) auch zur derzeitigen Partnerin prüfen und sich entsprechende Ängste bewusst machen.

Der Volksmund, der immer wieder Aspekte der Traumdeutung für uns bereit hält, sagt auch über Spinnen Doppeldeutiges aus: „Spinne am Morgen – Kummer und Sorgen!" – „Spinne am Abend – erquickend und labend!" Welch Aberglaube auch immer hinter diesen Sprüchen stecken mag, so zeigen sie uns doch, dass die Spinne nicht nur ein negatives Symbol ist. Spinnen nisten sich nur dort ein, wo Leben ist.

Die **Ratte** steht für verdrängte Inhalte des Urtümlichen, die schon „stinken". Wenn die Ratten in unseren Traum kommen, dann haben wir irgendwo in unserer Persönlichkeit alten Mist lagern, einen geheimen „Dreckhaufen", der sich beim Träumer meldet. Da will etwas ins Bewusstsein steigen, das der Träumer gar nicht gerne sehen will und verdrängt hat. Oft hat die Ratte mit sexuellen Phantasien zu tun, die wir im Wachzustand als „Schweinerein" oder als pervers und abartig bezeichnen würden. Die Ratte zeigt dem Träumer die Bewertung an: Es muss sich um Inhalte des Urtümlichen handeln, die der Träumer als „dreckig" und „schmutzig" bewertet.

Die gleiche Bedeutung haben auch **Schaben** und ähnliches Ungeziefer. „Dreckiges" und „Schmutziges" will aus dem Urtümlichen ins Bewusstsein steigen dürfen. Dieselbe Bedeutung haben Ratten und Schaben auch im wachen Leben. Hier gibt es keinen Unterschied in der Deutung. Wer also Ratten in der Wohnung hat, der sollte sich dieselben Fragen stellen wie bei der Traumdeutung.

Pflanzen, Früchte und Nahrungsmittel

Der **Baum** symbolisiert das Leben an sich. Darum sprechen wir auch vom „Baum des Lebens" und stellen unsere geschichtliche Herkunft in einem „Stammbaum" der Familie dar. Weihnachten stellen wir uns einen immer grünen Baum in die Wohnung, weil er das Leben inmitten der grauen und kalten Jahreszeit repräsentiert. Auf den ersten Seiten der Bibel finden wir den Baum der Erkenntnis, von dem Adam und Eva verboten wird zu essen. Somit ist der Baum eines der ganz alten und umfassenden Symbole des Lebens an sich.

Früchte haben in der Regel eine sexuelle Bedeutung. Ganz besonders **Nüsse** – sie symbolisieren die männlichen Hoden und damit die männliche Sexualität. Demzufolge gründen auch Nuss-Allergien in einem Problem mit der männlichen Sexualität.

Apfel und **Apfelsine** sowie alle ähnlich geformten Früchte symbolisieren die weiblichen Brüste und haben auch eine sexuelle Bedeutung, die sich spezifisch auf den weiblichen Körper bezieht.

Unter den Früchten finden wir auch eine ganze Reihe von Penissymbolen, wie die **Gurke**, die **Möhre**, den **Spargel** und natürlich die **Banane**.

Erdbeeren und **Kirschen** haben in der Regel auch sexuelle Bedeutung. Sie stehen mit ihrer roten Farbe mehr für das Verlockende, Fruchtige und Sinnliche vor allem der weiblichen Sexualität. Darum finden wir in erotischen Darstellungen des weiblichen Körpers oft diese Früchte als sinnliche Zugabe.

Die **Birne** symbolisiert die weibliche Sexualität als ganze. In den Grimm'schen Volksmärchen symbolisiert die Birne in einem weiblichen Kontext eine lesbische Sexualausrichtung (z.B. in „Das Mädchen ohne Hände" und „Aschenputtel"). Träumt eine Frau von einer Birne, so zeigt sich höchstwahrscheinlich darin ein lesbischer Sexualimpuls.

Auch hier gilt: Die individuelle Assoziation des Träumers sollte den Vorrang haben vor der generellen Bedeutung.

Die **Milch** symbolisiert unser Verhältnis zur eigenen Mutter oder zur eigenen Mütterlichkeit. Milch ist die erste Nahrung, die wir in unserem Menschenleben zu uns nehmen, sie kommt natürlicher Weise von den Brüsten der eigenen Mutter.

Milchallergien weisen uns auf ein Problem mit der eigenen Mutter oder der eigenen Mütterlichkeit hin.

Brot ist ein Grundnahrungsmittel und wird oft mit dem „Brot des Lebens" in Verbindung gebracht. Viele alte Sprüche begleiten das Brot, wie z.B. „Wessen Brot ich esse, dessen Lied ich singe". In Brotträumen können wir uns fragen:

Wessen Brot esse ich? Werde ich emotional satt? Oder fühle ich mich emotional unterernährt? Ist das Brot schmackhaft oder ein trockener Kanten? Grundsätzlich **symbolisiert Brot die emotionale Zuwendung, die wir bekommen** (oder auch nicht bekommen) haben bzw. anderen geben.

Ein junger Mann aus meiner Praxis fand sich im Traum erwachend in einem Bett im Hause seiner Großmutter. Unter dem Bett fand er einen vertrockneten Kanten alten Brotes. Bei der Deutung stellte sich heraus, dass dieser Mann von seiner leiblichen Mutter verstoßen wurde und sie nie wirklich kennen lernte. Er wuchs einige Jahre bei jener Großmutter aus dem Traum auf. Es war die einzige im weitesten Sinne „mütterliche" Zuwendung, die er in diesen Jahren bekam. Dafür stand das Brot. Dieselbe Bedeutung finden wir auch in einigen Märchen (z.B. „Hänsel und Gretel").

Zahlen

Zuerst prüfe ich in Träumen immer die individuelle Bedeutung einer Zahl. Oft enthalten Traum-Zahlen verdichtete biographische Daten wie die Zahl der eigenen Kinder oder der Familienangehörigen, Geburtsdaten, Todestage, Altersangaben oder ähnliches.
Zugleich kann die Zahl eine allgemein-symbolische Bedeutung im Traum haben. Seit die Menschheit mit der Zahl lebt, gibt es Zahlenmystik und das tiefe Wissen um die symbolische Macht und Bedeutung der Zahlen. Die Zahl ist ein ganz besonderes Symbol, weil sie in deutlicher Weise zugleich dem Bewusstsein (Mathematik) als auch dem Urtümlichen und dem Geist angehört. Besonders die Grundzahlen von 1 bis 9 haben eine tiefe symbolische Bedeutung und sind in der Lage, uns

eine Ahnung zu vermitteln über die Tiefe und Komplexität des Lebens an sich. Im Folgenden gebe ich einen sehr kurzen Überblick über einige symbolische Bedeutungen der Grundzahlen.

Die Eins (1)

symbolisiert die ursprüngliche Einheit und damit Gott selbst und das Göttliche. Sie ist Einheit, Anfang, Ursprung und Ganzheit. Zugleich – und das ist so typisch für Symbole – repräsentiert sie das Nicht-Entwickelte, die *Ein*-Samkeit, das Nur-Für-Sich-Sein. Und das In-sich-Ruhen. Sie vereint als Beginn und Anfang – noch – die Gegensätze. So ist die 1 zugleich der Ausdruck des Vollkommenen als auch des Nichts. In der quantitativen Auffassung ist sie das Kleinste und damit Geringste. In der qualitativen Zahlenschau steht sie für den alles gebärenden Anfang und damit für Fülle und Ganzheit. Auf der menschlichen Ebene steht die Eins für das rationale Ich-Bewusstsein.

Die Zwei (2)

Ist Ausdruck der Dualität. Sie steht für Trennung, Spaltung, Entfremdung und damit für Bewusstwerdung. In ihr fällt die Eins – die ursprüngliche Einheit – in gleiche Teile auseinander. Aus der Einheit wird Dualität – BEZIEHUNG. Erst die Dualität ermöglicht Beziehung und macht sie auch notwendig. So repräsentiert die Zwei sowohl die Spaltung und Dualität (gut – böse; hell – dunkel; warm – kalt; Tag – Nacht; Mann – Frau; Ying - Yang...) als auch die Beziehung. Die 2 schafft Relationen, eine erste Ur-Ordnung. Sie ist die erste gerade Zahl. Auf der menschlichen Ebene symbolisiert die 2 unseren irdischen Körper sowie die Ich – Du-Beziehung. Auch entwicklungsgeschichtlich ist die 2 die Zahl der Trennung und der bewussten Beziehung. Das Kind empfindet sich selbst immer noch als Einheit mit der Mutter (1), solange es gestillt wird und noch kein ausgeprägtes Bewusstsein (Sprache, Denken) besitzt. Dieses Ur-Einheit mit der Mutter bricht spätestens mit der Trotzzeit auseinander. Der Konflikt mit der Mutter wirft das Kind in die Distanz und auf sich selbst zurück. Das Kind muss nun schmerzhaft realisieren: Mutter und ich sind nicht eins, sondern getrennte Wesen: Ich und Du. Die Trennung der 2 ist also die notwendige Voraussetzung für Identität. Nur als zwei verschiedene, individuelle Wesen können Menschen eine wirkliche Beziehung eingehen.

Die Drei (3)
Symbolisiert die dynamische, spannungsreiche Einheit. Sie ist das dynamische und kreative Prinzip. Im menschlichen Leben wird aus der 2 der Beziehung (Mann und Frau) die 3 (das Kind, mit welchem erst die Familie gegeben ist). In diesem Sinne ist die 3 eine neue, höhere Ordnung, die etwas wirklich Neues produziert hat, aber in sich äußerst spannungsreich bleibt. Aus dieser bleibenden Spannung entsteht das Neue. Menschen sollten zum Beispiel niemals in einer Dreier-Gruppe leben oder arbeiten, weil sich immer 2 gegen 1 verbünden werden. Dahinter steht nicht böser Wille, sondern eine ursprüngliche Dynamik des Lebens und der 3. Das Christentum hat Gott zur 3 gemacht in der Trinität (Vater – Sohn – Heiliger Geist) und es gab und gibt immer wieder die schlimmsten theologischen Spannungen um diese Frage. Die Kirche ist 1054 daran auseinandergebrochen (Römisch-Katholische = abendländische Kirche und die Orthodoxe Ostkirche). Als spannungsreiches, dynamisches Prinzip hat die 3 etwas Schaffendes und Machtvolles. Ihr fehlt die Ruhe und auch der Frieden, wie alle 3er-Beziehungen uns zeigen. Macht, Dynamik, Schöpfertum und Spannung sind ihre symbolischen Grundeigenschaften. Auf der menschlichen Ebene entspricht die 3 dem Mentalen Zentrum.

195

Die Vier (4)
Symbolisiert die Ganzheit und Vollständigkeit auf der irdisch-menschlichen Ebene. Mit ihrer doppelten Polarität (2 x 2) stellt sie erstmals Stabilität und Vollständigkeit her. Sie ordnet die Kräfte und ist Ausdruck einer ersten Vollendung. Unser menschliches Leben auf der Erde ist von der Ganzheit der 4 geprägt: 4 Himmelsrichtungen bilden den Erdkreis; 4 Jahreszeiten formen das Jahr; aus 4 Elementen besteht die Erde (Erde, Wasser, Feuer, Luft). Mit der 4 entsteht auch geometrisch eine ganz neue Dimension: der Körper. Bis zur 3 war alles nur Fläche. Deshalb ist die 4 auch die Vollkommenheit und Ganzheit der körperlich-irdischen Welt. Wann immer die 4 als symbolische Zahl in unsere Träume kommt, zeigt sie uns etwas Positives: sie spricht von unserer Vollständigkeit und Ganzheit. Auf der menschlichen Ebene symbolisiert die 4 die Seele.

Die Fünf (5)
Steht für Sinnlichkeit: fünf Finger, fünf Sinne, fünf Zehen an jedem Fuß. Die „erweiterte" Sinnlichkeit kann zur Gier werden, auch das symbolisiert die 5, denn sie steht auf der menschlichen Ebene für das Ego. Sinnlichkeit, Bedürftigkeit, Gier, Wollen, Zugreifen, Egoismus – das sind einige Assoziationen zur 5. Zugleich repräsentiert sie das In-Dividuum, also das Unteilbare in uns, das dennoch aus einer Mehrzahl besteht (3 und 2). Die Fünf ist auch das Ungerade und Widerspenstige, sie ist spannungsreich und in gewisser Weise unklar. Wer von der 5 im symbolischen Sinne träumt, kann sich fragen, was zurzeit die wirklichen Bedürfnisse sind, wo der momentane Mangel am größten ist usw.

Die Sechs (6)

Steht symbolisch für Vereinigung und Leben. Als geometrisches Symbol steht der Davidstern für die 6 – das dynamisch-spannungsreiche Prinzip der Doppel-Drei wird vereint zu einer neuen, stabilen Harmonie. Die 6 ist das Urbild sexueller Energie (Sex – Sechs haben sprachlich dieselbe Wurzel). Während die einfache 3 eher dazu neigt, negative oder zumindest spannungsreiche Schöpfungen hervorzubringen, so beinhaltet die Sechs 3 mal die 2 und wird damit in der Regel positiv und strukturiert. Die 6 ist Ausdruck der vitalen Kraft des Lebens. Während die Sinnlichkeit der 5 im Ego eingeschlossen bleibt, symbolisiert die 6 eine neue Art von höherer Beziehung, eine stabile Harmonie. Der Davidstern, das Symbol des Judentums, zeigt uns auf der geometrischen Ebene wunderbar die neue Vereinigung von Himmel und Erde, Gott (das von „oben" kommende Dreieck) und Mensch (das von unten kommende Dreieck). So wurde in vielen Kulturen die 6 als Ausdruck einer höheren Ordnung und Harmonie verstanden. Platon interpretierte den Eros als die treibende Erkenntniskraft des Philosophen. Die 6 ist vital, sinnlich und erdhaft (Sex) und zugleich nach Höherem strebend. Sie repräsentiert eine sehr ursprüngliche Ordnung der Triebe und des vitalen Lebens. Deshalb steht die 6 auch für das Urtümliche.

Die Sieben (7)

Ist die Zahl des Geheimnisses, der heiligen Transzendenz. Sie übersteigt nun auch noch die hohe Struktur der 6. Sie ist das Urbild des Unfasslichen, des göttlichen Geheimnisses, also jener Seite des Göttlichen, die wir Menschen weder wirklich erkennen noch jemals verstehen können. Die 7 ist die Zahl der Spiritualität, des Übergangs in andere, verborgene Welten, Dimensionen und nicht erkennbare Realitäten. Sie ist die Zahl des Krummen, Nicht-Berechenbaren, Irrationalen – und damit des Heiligen. Die Sieben ist mit normalen geometrischen Mitteln nicht darstellbar. Vom Gott des Judentums darf man sich kein Bild machen! Er schuf die Schöpfung in 7 Tagen, deshalb zählen wir noch heute 7 Wochentage. Die Sieben als symbolische Zahl im Traum macht uns auf den Bereich des Spirituellen aufmerksam. Sie verbindet uns mit anderen Wirklichkeiten.

Die Acht (8)
Symbolisiert die höchste nur mögliche Vollkommenheit. Während die 4 die Ganzheit und Vollkommenheit der irdischen Welt symbolisierte, so die 8 als 2 x 4 die Ganzheit und Vollkommenheit der irdischen und der geistigen, göttlichen Welt. Die Acht steht für die höchst mögliche Vollendung und damit auch für das göttliche Bewusstsein. Sie steht für das Klare, Geklärte, Geläuterte; sie symbolisiert den göttlichen Plan in kosmischer Dimension. Mystisch steht der Schritt von der 7 zur 8 für die Erlösung des Menschen, für Errettung und das Ende der Wiedergeburten: für das höchste, göttliche Bewusstsein. Die meisten christlichen Taufbecken sind achteckig und der Buddhismus lehrt den achtfachen Weg der Erlösung. Die liegenden Acht symbolisiert die Unendlichkeit. Auch in unserem Tagesbewusstsein deuten die Worte, die mit der 8 verbunden sind, auf ein gesteigertes Bewusstsein: „gib Acht!"; „Achtung!"; „jemanden achten"...
Auf der menschlichen Ebene unserer Persönlichkeit steht die 8 für das göttliche Selbst in uns.

Die Neun (9)
Bezeichnet etwas Neues, wie die gleiche Sprachwurzel von *neu* und *neun* uns zeigt. Neun bedeutet die neue „Eins" nach der Vollendung der 8. Sie symbolisiert sowohl das Ende der Zeit überhaupt (die liegende Acht bleibt als Unendlichkeit noch in der Zeit befangen, nämlich als die „ewige Wiederkehr des

Gleichen") als auch den Beginn einer vollkommen anderen Realität jenseits der Zeit und des Irdischen. Somit kann die 9 als Symbol für die Ewigkeit verstanden werden – im Unterschied zur Unendlichkeit der 8. Die Neun ist sowohl die Totalität der Vollendung als auch Neuanfang, ähnlich der 1, nur auf höchstem Nivea. Nach der 9 kommt nur noch Zusammengesetztes.

Die weiteren Zahlen können auch symbolische Bedeutungen haben, so z.B. die 12 (zwölf Stämme Israels, 12 Apostel, 12 Monate des Jahres...), doch ihre Bedeutungen gewinnen sie zumeist aus der Zusammensetzung.

Die Elemente

Die 4 Elemente spielen in Träumen oft eine Rolle, denn aus ihnen besteht die Welt, in der wir mit unserem Körper leben. Im Folgenden beschreibe ich sehr allgemeine Bedeutungshorizonte der einzelnen Elemente. Immer wieder gilt für die Traumdeutung: Das Individuelle hat Vorrang vor dem Allgemeinen.

Wasser

Symbolisiert allgemein den Bereich des Urtümlichen. Es zeigt uns die Macht des Natürlichen und Unbewussten auf. Je größer das Wasser, desto tiefer und weiter auch die symbolisierte Macht des Urtümlichen. Das Wasser erscheint uns Menschen als das Urelement, aus dem das Leben kommt. Selbst das menschliche Embryo wächst im Frucht-Wasser heran. Deshalb symbolisiert Wasser auch die ältesten, tiefsten und mächtigsten Quellen unseres irdischen Seins. Wasser ist die tiefe Urkraft des Lebens. In Träumen von großen Wassern begegnen wir dieser Urkraft, was sehr oft ambivalent empfunden wird:

hilfreich und gefährlich zugleich; schön und bedrohlich; lebensspendend und lebensvernichtend.

Vom Meer zu träumen ist bedeutsam. Dieses große, unspezifische Bild stellt uns in unser großes Lebensbild. Entweder das Meer symbolisiert unsere „große Lebensreise" von einem Ufer (Geburt) zum anderen (Tod), oder aber es steht für die Naturmacht des Urtümlichen in uns. Wenn es sich um unsere große Lebensreise handelt, so wird in der Regel der Träumer auf einem Schiff reisen oder in einem Boot. Symbolisiert das Meer aber stärker die Naturmacht des Urtümlichen, so werden wir im Traum eher auf dem Festland sein und mit Flutwellen oder ähnlichem zu kämpfen haben.
Wann immer wir vom Meer träumen – wir haben es mit dem Leben an sich zu tun, mit einem großen Bild, das uns in der Regel auch in einen großen Zusammenhang stellt.

Der Fluss
Gehört auch zum Wasser des Lebens. Wenn wir im Traum auf dem Fluss des Lebens fahren, so sind wir sprichwörtlich „in Fluss", wir fließen, was ein schicksalhaftes Bild ist. Der Träumer kann sich nun fragen: ist die Flussfahrt angenehm oder unangenehm, ruhig oder stürmisch? Handelt es sich um einen reißenden, bedrohlichen Fluss mit gefährlichen Stromschnellen? Dann werden wir auch im wachen Leben gerade eine schwierige Lebensphase zu bestehen haben.
Viele Märchen und Mythen benutzen das Bild des Flusses und des dazugehörigen Fährmannes, der die Menschen von einem Ufer zum anderen bringt. Solche Bilder haben eine spirituelle Dimension. Der Fluss als Grenze, als Zäsur, als Hindernis, das es zu überwinden gilt, symbolisiert eine große Veränderung. Solche Flussträume können uns das Hinübergehen in die andere, spirituelle Welt zeigen. Im Volksmund haben wir die Umschreibung für den Tod, dass jemand „über den Jordan"

gegangen ist. Es kann sich um das eigene Sterben oder das eines nahen Freundes oder Verwandten handeln. Oder aber das Bild zeigt die Begegnung mit einer anderen, spirituellen Dimension an: das Treffen von Verstorbenen oder Geistwesen. Innerhalb unseres Lebens kann uns der Fluss im Traum den Schritt von einer Lebensphase in die andere anzeigen, z.B. vom Kind zum Erwachsenen. Flussträume sind nach meiner Erfahrung bedeutend, wie letztlich alle Träume vom großen Wasser.

Erde

Die Erde hat nicht die ursprüngliche Kraft und Macht des Wassers. Erdträume werden in der Regel positiver erlebt, es sei denn, wir sind verschüttet. Die Erde ist unsere „Mutter", sie trägt und ernährt uns. Damit ist sie auch ein Urbild des mütterlichen Prinzips. Viele Sprichworte, die von der Erde handeln, haben eine positive Bedeutung, wie z.B. „wieder Boden unter den Füßen bekommen" oder „sich erden". Die Erde ist ein ruhendes Element, wer mit ihr verbunden ist, der weiß, wo er hingehört. Erde bindet uns auch und gibt uns über das Gefühl von „Heimat" auch Sicherheit und Zugehörigkeit. Menschen, die dem Element Erde verbunden sind, stehen Veränderungen oft ablehnend gegenüber, weil sie eher die Kontinuität, Regelmäßigkeit und Bodenständigkeit suchen.
Problematisch werden Erdträume, wenn wir uns bedroht fühlen, wenn wir z.B. verschüttet sind, ein Erdbeben geschieht oder wir in die Erde hinabsteigen müssen. Ein solches Hinabsteigen bringt uns in den Kontakt mit den eigenen Tiefen, vielleicht mit den eigenen Wurzeln im Urtümlichen oder auch im geschichtlichen Sinne. Das Element Erde steht auch in Verbindung mit unserer Vergänglichkeit und damit mit dem Tod. Bei Beerdigungen werfen wir Erde auf den Sarg und der Geistliche erinnert uns daran, dass wir von Erde genommen sind und wieder zu Erde werden. Zu viel Erde hat etwas

Schweres und kann uns hindern, nötige Veränderungen anzugehen. Zu wenig Erde lässt uns nirgends Wurzeln schlagen, lässt uns suchend umherirren, ohne, dass wir unseren Platz

im Leben finden. Wichtig ist auch hier der individuelle Kontext des Träumers.

Luft

Die Luft ist das spirituelle Element (aus dem Lateinischen von Spiritus = Wind, Atem, Hauch) und zugleich ein wichtiges Symbol des Lebens. In der Bibel gab Gott seinen Geschöpfen den Odem (=göttlichen Lebenshauch). Früher galt ein Mensch als tot, wenn er nicht mehr atmete. Die Lunge symbolisiert im Körper das Organ, das unser Verhältnis zum Leben symbolisiert. Ist die Lunge angegriffen, zeigt das, dass der Mensch momentan ein Problem hat, das Leben anzunehmen und sich darin wohl zu fühlen. Direkte Luftträume, das sind solche, in denen die Luft als Element eine besondere Rolle spielt, haben nach meiner Erfahrung fast immer spirituellen Charakter.

Problematisch werden Luft-Träume, wenn wir selbst uns „in Luft auflösen" und uns „verflüchtigen". Solche Träume können unseren Wunsch anzeigen, dieses Leben zu verlassen und uns in eine geistige Welt zu verflüchtigen.

Zu den Luftträumen gehören auch Träume vom Fliegen, von Vögeln und anderen Luftbewohnern. Der Traum des Erwachsenen vom eigenen Fliegen (nicht als Konfliktlösung, sondern als angenehme Erfahrung), sind für mich spirituelle Träume, in denen wir tatsächlich mit unserem geistigen (Astral-) Körper fliegen (siehe oben Astralreisen).

Dennoch ist die Luft nicht unser natürlicher Lebensraum. Deshalb sollte der Lufttraum auch unter diesen Aspekten befragt werden: hebt der Träumer vielleicht gerade zu sehr ab (intellektuell, spirituell oder durch ein Verliebtsein...?) Oder braucht der Träumer gerade mehr Luft zum Atmen, mehr Freiheit und Weite (das ist die psychische Ursache des Asthmas).

Feuer

Von Feuer zu träumen ist oft mit negativen Bildern und Gefühlen verbunden. Wenn unser Haus oder andere Dinge im Traum brennen, dann sind wir bedroht. Feuerträume zeigen uns in der Regel an, dass in uns etwas Feuer gefangen hat. Als Element gehört das Feuer auch der geistigen Welt an, deshalb brennt im Traum auch oft der Dachstuhl (Ratio, Kontrolle, Kopftätigkeit...). Solche Brände zeigen uns negative Gedanken an, vielleicht geistige Verwirrung. Feuer ist auch meist mit dem mentalen Zentrum in uns verbunden. Wenn uns Feuer bedroht, dann stimmt etwas nicht auf der unterbewussten Ebene: Glaubenssätze, Ängste, Gedanken, die uns bedrohen und verwirren. Es sind die nicht bewussten Gedankenkräfte, die in unserer Persönlichkeit Feuer entfachen.

Auf der positiven Seite sind wir auch „Feuer und Flamme", wenn uns etwas begeistert: eine Idee, ein Gedanken, ein Projekt. Vielleicht fehlt dem Träumer gerade dieses positive Feuer, auf das der Traum hinweist. Hier sollte eine besondere Aufmerksamkeit auf die Traumstimmung gelegt werden und auch auf das Bild an sich. Verbrennt das Feuer, bedroht es oder wärmt es im Traum? Ist es das gezähmte Feuer des Ofens oder das lodernde und leckende Feuer des gefährlichen Brandes?

Das Haus

Ebenso wie das Auto und das Schiff symbolisiert das Haus die Gesamtheit unserer eigenen Persönlichkeit. Die verschiedenen Etagen bieten eine gute Möglichkeit, die Vielschichtigkeit der Persönlichkeit darzustellen. Das Dach und der Dachstuhl repräsentieren unser Ich-Bewusstsein: Reflexion, Denken, bewusstes Handeln. Der Keller symbolisiert das eigene Urtümliche und den unbewussten Bereich der Person. Interessant an Hausträumen ist oft, dass wir sehen, wer alles in unserem Haus wohnt. Da finden sich oft Menschen, die wir bewusst längst vergessen haben. Sehr wichtig ist auch, wem das Haus gehört, wessen Haus im Traum aufgerufen wird. Ist es nicht das eigene Haus, so liegt der Schluss nahe, dass wir auch nicht in uns selbst wohnen. Oft bringt der Traum das Elternhaus zurück und zeigt uns, dass unser Urtümliches noch immer oder erneut dort eingezogen ist oder einziehen möchte. Aufschlussreich ist auch die Einrichtung und Ordnung in unserem Traumhaus. Ist es ordentlich und übersichtlich oder voller Müll, unaufgeräumt und schmutzig? Das Haus zeigt uns im Traum, wie es zur Zeit in uns ausschaut. Oft zeigt uns das Traumhaus über den Besitzer auch eine Zeit an: das Elternhaus (= Kindheit oder Jugend), das Haus der Schwiegereltern, des Großvaters etc. Dieser Hinweis ist wichtig, weil er eine Verbindung zum behandelten Problem darstellt.

Menschliche Gestalten

In den meisten Träumen kommen andere Menschen vor. Oft sind es längst vergessene Klassenkameraden, frühere Freundschaften oder Partner, die im bewussten Alltag gar keine Rolle mehr spielen. Das Urtümliche hat alle unsere Beziehungen abgespeichert und verwendet die Menschen gemäß der Botschaft des Traumes. Ich habe es mir deshalb zur grundsätzlichen Regel gemacht, alle Menschen im Traum immer sowohl auf der Objekt- als auch auf der Subjekt-Stufe zu befragen. Diese Menschen stehen fast niemals nur für sich selbst. Fast immer (außer bei einigen spirituellen Träumen) sind diese Menschen auch ein Ausdruck unseres eigenen Ichs.

Gerade in dieser Subjekt-Deutung liegt oft der Schlüssel für die Bedeutung dieser Person: sie zeigt uns eine Seite von uns selbst, die wir an diesem Menschen besonders eindrücklich wahrnehmen können.

Manche Menschen wollen uns an etwas erinnern, an eine bestimmte Zeit, an eine Einstellung, Handlung etc.

Der Stellvertreter/die Stellvertreterin

Die meisten Menschen in unseren Träumen sind Stellvertreter für uns selbst. Sie repräsentieren einen Teil von uns oder uns selbst unter einem bestimmten Aspekt. Nach meiner Erfahrung sind diese Menschen oft ehemalige Schulkameraden, Freunde und Bekannte aus längst vergangener Zeit oder auch Geschwister. Die Deutung auf der Subjektstufe liegt besonders dann nahe, wenn die fremde Person in unserem Traum von sehr weit hergeholt scheint, also aus einer fernen Vergangenheit oder aus dem äußersten Bekanntenkreis oder sogar der Kindheit. Oft sind es Menschen, mit denen der Träumer im wachen Leben schon lange nichts mehr zu tun hat. Das Urtümliche nimmt diese Menschen als Stellvertreter für uns selbst gerade wegen ihrer scheinbaren Ferne und Neutralität. Auf diese Weise ist es nicht gleich offensichtlich, dass es sich bei diesen Gestalten um uns selbst handelt. In der Regel symbolisieren diese Menschen einen Teil oder Schwerpunkt unserer eigenen Persönlichkeit. Hier genau hinzuschauen und hinzuhören kann von besonderer Wichtigkeit für das Verständnis des Traumes sein. Ein Träumer Anfang 50 hatte folgenden Traum:

Die Schiffstaufe

Ich habe gerade die letzten Handgriffe am Bau einer neuen Sauna ausgeführt. Sie ist in ein altes, schön restauriertes Schiff eingebaut, das auf dem Trockendock liegt. Nun ist das Schiff endgültig fertig gestellt. Mit diesem Schiff will ich mit Gabriel, einem guten Bekannten, auf große Fahrt gehen. Ich darf die Schiffstaufe vornehmen, gehe an das Dock und werfe eine fränkische Bocksbeutelflasche. Die Schnur, an der die Flasche hängt, ist zu kurz, so dass die Flasche nicht am Schiff zerschellt. Ich probiere es erneut, während das Schiff ungetauft vom Stapel läuft. Es gelingt mir einfach nicht. Mein Freund Gabriel ist sauer! Ich steige vom Dock, um dem Schiff hinterher zu laufen, denn ich will es immer noch taufen. Ich befinde mich jetzt im Trockendock, das wie eine enge Gasse mit Schienen aussieht. So laufe ich dem Schiff nach, doch plötzlich steht mitten auf den Schienen in dieser Gasse ein Monument von Papst Johannes Paul II aus weißem Stein. Ich möchte die Flasche an dem Monument zerschellen lassen, denn ich empfind es als eine Art Notlösung anstelle der Schiffstaufe. Gabriel animiert mich dazu. Doch ich zögere, weil ich es respektlos finde.

Die Deutung ergab folgendes: Die Sauna ist der Ort, wo sich der Träumer am liebsten zurückzieht, um ganz bei sich zu sein, um ganz er selbst zu sein. Das Schiff auf dem Trockendock ist seine eigene Persönlichkeit. Seit einigen Jahren hatte er viel an sich gearbeitet und das „alte Schiff" wieder schön restauriert. Der Träumer selbst ist streng katholisch und führt ein eher normales und angepasstes Leben. Gabriel ist ein Bekannter, der als Mann eher verwegen ist, er lebt unkonventionell, fährt Motorrad, liebt das Abenteuer, hat viel Erfolg und verbreitet Frohsinn. Dieser Gabriel ist hier der Stellvertreter für den Träumer selbst, er symbolisiert den Teil des Träumers, der nun ebenso sein und leben möchte. Durch die Arbeit an sich selbst hat sich dieser verwegene Teil in ihm selbst entwickelt. Im Traum ist der eigene „wilde Mann" aber durch den Bekannten Gabriel symbolisiert. Die Weinflasche aus Franken symbolisiert den eigenen Vater des Träumers, der aus Franken kommt und dort auch heute noch lebt. Der Träumer erbittet den Segen des Vaters für sein rundernuertes Ich. Davon handelt der Traum. Die Schiffstaufe bedeutet hier, den Segen (Taufe) des Vaters (Bocksbeutelwein) für das neue, wilde, verwegene Ich (restauriertes Schiff/ Gabriel) zu bekommen. Gabriel wird sauer, weil es dem Träumer nicht gelingt. Das Schiff (=neues Ich) geht ohne den Segen des Vaters zu Wasser. Das Papstdenkmal ist noch einmal der katholische Vater, der in der Papstgestalt als Übervater und große Führergestalt erscheint. Der Stellvertreter Gabriel feuert den Träumer an, die Flasche an der Papstbüste zerschellen zu lassen, doch der angepasste Teil im Träumer empfindet das als Sakrileg.

Die großen Führergestalten

In wenigen, aber wichtigen Träumen, erscheinen uns große Führergestalten: der Medizinmann oder Schamane, die heilige alte Frau, der alte Mann mit dem weißen Haar und dem langen Bart. Diese großen Führer, die C. G. Jung archetypische Bilder nennen würde, werden uns nach meiner Einschätzung von unserem höheren Selbst gegeben. Sie sind nicht nur psychologische Symbole aus dem Urtümlichen, sondern sie zeigen uns immer auch eine Verbindung und Vermischung mit dem höheren Selbst an, also mit der göttlichen Führung unseres Lebens. Mit diesen großen Führergestalten tritt uns Lebenswissen und Weisheit entgegen. Im wahrsten Sinne des Wortes sind diese Wesen unsere Führer: Geistführer, Lebensführer. Auch in den Märchen kommen diese großen Führer vor: Frau Holle ist eine solche spirituelle Ur-Mutter und Geistführerin. Ebenso der alte Mann im Märchen vom

Waldhaus, der die drei Mädchen empfängt und die letzte Tochter verwandelt. Wir finden diese Gestalten vor allem in den Großträumen. Große Führergestalten werden uns in den Traum geschickt, wenn in unserem Leben große Entwicklungen und Umbrüche zu bewältigen sind, wie die Wandlung vom Jugendlichen zum Erwachsenen, Vorbereitung auf Mutterschaft und Vaterschaft, das Eingehen intensiver Lebensbindungen, die Krise in der Lebensmitte, die Auseinandersetzung mit Leiden, Sterben und letztlich mit dem Tod. Auch der als Sensenmann personifizierte Tod ist ein solcher großer Führer. Manchmal führt die Begegnung mit einer solchen großen spirituellen Führergestalt zu einer realen Initiation, einer wahrhaften Einweihung, im Traum. Wer von großen Führergestalten träumt, der befindet sich im Kontakt mit schicksalhaften und tiefsten Dimensionen des Lebens. In den großen Führergestalten spricht ganz real unser höheres Selbst mit uns. Es zeigt uns Aufgaben, Herausforderungen und Notwendigkeiten auf und gibt uns in diesen Gestalten zugleich die Kraft, diese Lebensaufgaben zu meistern. Die Begegnung mit großen Führern im Traum ist von der Traumstimmung her immer etwas Erhabenes, ja Heiliges.

Die kleinen Führer: Autoritätspersonen

Nicht alle Führer in unserem Traum kommen aus dem Selbst, viele dieser Gestalten werden uns vom Urtümlichen präsentiert. Dazu gehören Führer wie der Zugschaffner, der Polizist, der Offizier, der Pilot, der Bundeskanzler oder Präsident, der Kaiser, König oder andere ähnliche Autoritätspersonen. Diese Gestalten repräsentieren in der Regel unser eigenes Wertesystem oder noch darunter liegend, ein natürliches Wertesystem. Wenn sie uns erscheinen, dann weisen sie uns meist zurecht. Sie symbolisieren grundsätzliche Ordnungen, gegen die wir nicht verstoßen sollten. Wenn sie uns mit ihrer

Autorität im Traum begegnen, so ist es sinnvoll bewusst danach zu fragen, wo und wie der Träumer gerade eine wichtige Ordnung verletzt oder vernachlässigt. Die Autoritätspersonen symbolisieren gleichsam ein Warnsystem, dem wir aufmerksam folgen sollten. Meist haben wir Grund zur Korrektur bewusster Einstellungen oder Handlungen, wenn uns eine solche Autoritätsperson begegnet. Auch im bewussten Leben treten solche Personen nur in unser Leben, wenn es etwas zu korrigieren gibt, daher kommt der Spruch „Gehe nicht zu deinem Fürst, wenn du nicht gerufen wirst!" Im Freud'schen Sinne repräsentieren diese Autoritätspersonen unser Über-Ich. Wenn wir gegen die tief verinnerlichten Normen und Werte unserer Eltern verstoßen, melden sie sich im Traum. Darüber hinaus melden sie sich auch, wenn wir die natürlichen Ordnungen übertreten. Autoritätspersonen sind eine Art Achtungszeichen des Urtümlichen. Sie kümmern sich um unsere Sicherheit, auch im Traum. Deshalb lohnt es sich, genau hinzuschauen, welche Botschaft sie für uns haben.

Mörder und Einbrecher

Diese finsteren Gestalten sind im Traum mit Angst verbunden und deuten auf Gefahr und Bedrohung hin. Im Traumbild kommt die Bedrohung von außen, doch zumeist liegt sie im Träumer selbst. Der Mörder kann unterschiedliche Bedeutungen haben:
Eine Frau, die bis tief ins mentale Zentrum hinein streng christlich-moralisch erzogen worden war, wurde über Jahre von Mörderträumen geplagt. Es war der verinnerlichte richtende und strafende Vater, der sie nachts zu strafen drohte. Ihr sexuelles Verlangen und Verhalten entsprach nicht dem Wertekanon des Vaters, so kam er als „mörderische" Bedrohung in den Traum. Die unbewusste Angst vor der

eigenen Schuld und der darauffolgenden Bestrafung schuf in ihrem Fall den Traum-Mörder.

Der Mörder kann aber auch ein Bild für die eigene Person sein und uns anzeigen, dass wir etwas in uns abtöten, vielleicht durch Ignoranz oder Angst.

Eine weitere Möglichkeit ist die Erinnerung an frühere Leben. Wenn wir in einem früheren Leben einmal durch Mord getötet wurden, so kann dies auch solche Träume hervorrufen. Dies würde dann aber in der Regel ein Wiederholungstraum sein, in welchem immer wieder derselbe Mord durchlebt würde.

Einbrecher können uns auf den „Einbruch" von verdrängten Gedanken, Wünschen und Trieben hinweisen. Sie sind Schattengestalten, sie zeigen uns eine Seite von uns selbst, die sich unserem Bewusstsein entzieht oder von uns nicht wahrgenommen wird. Der Einbrecher ist der unbekannte, negative und bedrohliche Fremde. Dieses bedrohlich Fremde ist zumeist in uns selbst. Wenn der Einbrecher auch noch etwas stielt, so wird uns damit eine Verlustangst angezeigt. Wichtig ist dabei, was genau dem Träumer im Traum gestohlen wird.

Manchmal können wir auch andere Menschen als Einbrecher unbewusst erleben: Eltern, Partner oder auch Kinder. Das Haus symbolisiert unsere gesamte Persönlichkeit. Wenn ein Einbrecher sich unbefugt Zutritt verschaffen will, dann sollten wir uns zuerst fragen, welcher Teil von uns selbst da ausgesperrt wurde und nun auf diese dunkle und verborgene Weise wieder in unser Haus will. Oder wir fragen uns, welcher nahe Mensch in unserem Umfeld auf uns als „Einbrecher" in unser Ich wirkt. Vielleicht jemand, der Druck auf uns ausübt oder Macht über uns hat oder haben möchte.

Spirituelle Gestalten

Jeder Mensch hat einen oder mehrere Geistführer, das sind spirituelle Wesen, die uns begleiten und von der geistigen Welt her unterstützen. Diese Wesen können uns auch im Traum erscheinen. Sie sind keine Produkte unseres Urtümlichen, sie sind keine Symbole oder ähnliches, sondern ganz reale Wesenheiten. In der Regel können wir ihre Gesichter nicht sehen. Manchmal haben sie Botschaften für uns, darum nennt die Christenheit diese Wesen Engel (vom Griechischen Angelos = Bote). Die Gegenwart von Geistführern wird fast immer positiv vom Träumer erlebt.

Andere Geistwesen kommen aus der dunklen Seite der spirituellen Welt und können uns verängstigen, bedrohen und gefährden. Solche Wesen können alle möglichen Gestalten annehmen, von typisch teuflischen Köpfen hin bis zu Fratzen und Monstern. Auch diese Wesen und Gestalten sind kein Produkt unserer Persönlichkeit, sondern gelangen von außen, durch den Geist, in uns hinein. Meist haben sie eine nicht-menschliche Gestalt. In diesem Fall ist es ratsam, laut zu beten und Gott um Licht und Schutz zu bitten. Dies können wir auch im Traum tun. Das Gebet wirkt immer und es ist der beste nur mögliche Schutz gegen die dunkle Seite.

Farben und ihre symbolischen Bedeutungen

Ohne Anspruch auf Vollständigkeit stelle ich im Folgenden einige wichtige symbolische Aspekte und Bedeutungen von Farben vor. Dabei beziehe ich mich ausschließlich auf die unbewusste Bedeutung des Urtümlichen. Unter anderen Aspekten, z.b. spirituell, können Farben andere Bedeutungen haben. Auch hier gilt, wie überall in der Traumdeutung: die individuelle Be-Deutung geht vor. Ich beschränke mich auf die generellen Bedeutungen der Farben. Da es für die Symbole keinen Unterschied zwischen Wachsein und Traum gibt, gelten alle folgenden Bedeutungen auch für das wache Leben.

Schwarz
symbolisiert den Tod, Trauern und Traurigkeit. Zugleich drückt es unser Bedürfnis nach Distanz aus. Das eine ist vom anderen nicht zu trennen. Früher war es nur für Trauernde üblich, sich schwarz zu kleiden. Sie zeigten damit an, dass sie einen nahen Menschen verloren hatten, sich in einer Trauerzeit befinden und die nötige Distanz erwarten. Spirituell symbolisiert Schwarz das Schwarze, die dunkle Seite der Spiritualität. Der Teufel wird of rußig und schwarz dargestellt. Deshalb reden wir auch von „schwarzer Magie", wenn Menschen sich mit dieser Macht verbinden.

Blau
Symbolisiert Tiefe, Weite und Kühle. Der unendliche Himmel ist blau, ebenso das tiefe Meer. Blau ist damit die Farbe der Tiefe und Wesentlichkeit. Blau ist die Farbe der Mystik, des Sich-Versenkens in die Tiefen des Geistes, eine Farbe der Philosophie und Spiritualität. Blau steht für tiefes Erkennen, für tiefe Wahrheiten und für ein „tiefes" und „hohes" Bewusstsein. Zugleich ist blau kalt wie der Himmel und das

Meer. Die „Kälte" des Blaus entspricht dem Geist. Wo Blau im Traum erscheint, geht es oft um tiefe geistige Erkenntnis, aber nicht um warme Gefühle. Blau ist aufgrund dieser Qualitäten auch die Farbe der Freiheit und Selbstbestimmung.

Grün
Ist die Farbe der Struktur, Ordnung, Macht und Dominanz. Im Traum kann Grün auch für unseren Widerstand stehen, für unsere Sturheit und den Unwillen, nachzugeben. Grün ist auch die Farbe des Rechthabens. Es steht für unsere Bedürfnisse nach Regeln, Systematik, Führung und Bewertung.
Die Natur ist grün – die größte uns erfahrbare äußere Macht auf der Erde. In den meisten Ländern ist das Militär grün, bei uns in Deutschland hatte auch die Polizei grüne Uniformen, die symbolisch viel besser zur Ordnungsmacht passte als das moderne Blau. Grün kann uns im Traum sowohl zur inneren Ordnung rufen als auch unseren Unwillen zur Veränderung anzeigen, wie oben im Traumbeispiel vom kleinen grünen Boot (siehe unter „Schiff")

Weinrot
Und ähnliche dunkelrote Farbtöne symbolisieren unser Sicherheitsbedürfnis im weitesten Sinne. Wann immer im Traum oder im wachen Leben diese Farbe eine Rolle spielt, so geht es fast immer um Sicherheit. Alte Menschen haben ein gesteigertes Sicherheitsbedürfnis, deshalb gibt es in der PKW-Industrie für diese Farbe den Begriff des „Rentner-Rot", weil überdurchschnittlich viele Senioren Autos mit dieser Farbe kaufen. Die Kehrseite dieses Sicherheitsbedürfnisses ist oft eine Angst vor Veränderung, ein zu langes Festhalten an alten Gewohnheiten und Lebenssituationen. Zugunsten der Sicherheit werden viele Menschen innerlich unbeweglich und manchmal auch stur.

Lila

Ist die Steigerung von Weinrot und symbolisiert eine Steigerung unseres Sicherheitsbedürfnisses. Lila in der psychischen Interpretation steht für ein übersteigertes, oft problematisches Sicherheitsbedürfnis. Es weist uns in der Regel auf starke unbewusste Verlustängste hin. In spirituellen Träumen kann Lila auch die geistige Welt repräsentieren.

Braun

Ist in den dunklen Tönen eine Erdfarbe und symbolisiert unser Bedürfnis nach Bodenständigkeit, Kontinuität, Heimat. Es steht für eine gewisse Schwere und Gesetztheit. Zugleich hat diese Farbe einen warmen Charakter. Im Braun kann sich Beharrungsvermögen ebenso ausdrücken wie Festgefahrenheit. Braun zeigt im wachen Leben auch eine Verbundenheit zum Element Erde an.

Gelb

In allen warmen Tönungen steht für unser Bedürfnis nach Harmonie in unseren Beziehungen. Gelb und alle Pastell-Töne sind Beziehungsfarben. Liebe, menschliche Wärme, Geborgenheit, Nähe, Kommunikation, Teilen und Mitteilen werden durch Gelb ausgedrückt. Warmes Gelb repräsentiert unser Bedürfnis nach Lieben und Geliebtwerden, ganz in diesem Sinne sind alle Pastell-Farben zu deuten.

Orange

Symbolisiert eine Mischung aus dem Beziehungsaspekt verbunden mit dem Wunsch nach Dominanz. Orange steht für das unbewusste Bedürfnis, andere Menschen um uns kreisen zu lassen, wie die Sonne es mit den Planeten tut. Die Dominanz wird über Liebe realisiert, durch Helfen und die zwischenmenschliche Beeinflussung der Anderen.

Knallrot und Blutrot

sind Farben der Sexualität, Vitalität und Aggression. Das Rot des Blutes ist die Farbe des Lebens an sich, der Lebendigkeit und Vitalität. Das Blut pulsiert durch unseren Körper und hält ihn am Leben. Blut wird im Kampf vergossen, wenn sich die Aggression (der Stier wird mit einem roten Tuch wütend gemacht) in das Leben mischt. Sexualität und Aggression gehören wie Zwillinge zusammen und lassen sich nicht voneinander abtrennen, deshalb haben sie auch zusammen eine Farbe. Wir reden vom Rotlicht-Milieu, wenn wir die Prostitution beschreiben. Wenn wir uns geärgert haben, dann reden wir davon, dass wir Rot gesehen haben.

Weiß

Ist im engeren Sinne zwar keine Farbe, dennoch kommt Weiß öfter in Träumen vor. Es symbolisiert Reinheit, Unschuld und Unberührtheit. Deshalb reden wir von einer „weißen Weste", wenn jemand unschuldig ist. Die Braut wurde früher durch das weiße Kleid als Jungfrau ausgewiesen. Im Traum sollten wir auch die Frage stellen, ob mit dem Weiß vielleicht etwas verborgen oder übertüncht werden soll: eine Schuld, ein Makel, etwas Dunkles? In allen mir bekannten psychologischen Träumen hatte die Farbe Weiß die Funktion, eine Schuld zu vertuschen bzw. zu übertünchen.

Spirituell steht Weiß oft für eine Art von Entrückung. Es gibt ein weißes Licht, das ist nicht von dieser Welt. Manchmal sind Verstorbene, wenn sie uns erscheinen, in ein weißes Licht getaucht oder sie tragen weiße Kleidung. Damit wird uns angezeigt, dass sie aus einer anderen Welt zu uns kommen.

Eine weiße Person kann uns auch Neutralität anzeigen. Weiß distanziert auf positive Weise durch die Neutralität der Farbe.

Sprichworte

Öfter stellen Traumszenen bekannte Sprichworte bildlich dar und zwar so genau und wortwörtlich, dass es frappierend ist. Wie immer gilt das nicht nur für den Traum, sondern auch für Erfahrungen, die wir uns im wachen Leben erschaffen.

„Schlag dir das aus dem Kopf!"
Ein Mann besuchte eine langjährige Freundin, die er im Grunde seines Herzens liebte. Diese Frau war verheiratet und hatte 4 Kinder mit ihrem Ehemann. Die Familie lud den Mann zu einem Badeausflug im Sommer ein. Während die Kinder im Wasser spielten, saß der Mann neben seiner im Geheimen geliebten Freundin. Zwischen beiden war eine intensive Verbundenheit spürbar, die so stark für den Mann wurde, dass er aufstand, um eine gewisse Distanz herzustellen und dem Ehemann keinen Anlass für unnötige Eifersucht zu geben. Kaum war er aufgestanden, schlug er ungebremst der Länge lang auf den Rücken, wobei sein Hinterkopf auf einem Felsen aufschlug. Zum Glück zog er sich keinen Schädelbruch und nicht einmal eine Gehirnerschütterung zu, obwohl sein Kopf laut krachend niedergegangen war, so dass alle Umliegenden erschrocken aufgesprungen waren. Bei der Deutung dieses Unfalls fiel dem Mann nur ein Spruch ein: „Schlag dir das aus dem Kopf!" – nämlich die Vorstellung und den Wunschgedanken, seine Freundin zur wirklichen Lebenspartnerin und Ehefrau zu haben. Der Mann erschuf sich wortwörtlich die Botschaft des Sprichwortes als schmerzhafte Erfahrung und Selbstbestrafung für seinen Wunsch.

Ganz so kann es auch in unseren Träumen geschehen. Darum ist es sinnvoll, bestimmte Handlungen im Traum, die aus sich heraus scheinbar keinen Sinn ergeben, mit einem geläufigen Sprichwort in Verbindung zu bringen.

216

Schlusswort

Liebe Leserin, lieber Leser,

Sie haben nun eine Menge Informationen über das Wissen der Träume erfahren. Vieles wird für Sie sicher neu gewesen sein und manches ist Ihnen wahrscheinlich unglaublich oder fremd erschienen.
Wenn Sie sich auf Ihre Träume einlassen, so wird sich dadurch Ihr Weltbild erweitern. Sie öffnen ein Tor in andere Dimensionen. Die kontinuierliche Arbeit mit Ihren Träumen wird Sie bald selbst in die Lage versetzten, ein eigenes Buch, gefüllt mit Ihren unterschiedlichsten Träumen, zu schreiben.

Das Ziel dieses Buches war und ist es, Sie zum Vertrauen in Ihre eigenen Träume zu ermutigen. Nach dem ersten Durchlesen werden Sie sich vielleicht eher überfordert fühlen, die Komplexität Ihrer Träume zu deuten. Übung macht den Meister, sagt ein altes, wahres Sprichwort. Darum fordere ich Sie auf, sich stetig in diesem Vertrauen zu üben. Denken Sie immer daran, dass Ihr Traum für Sie da ist, dass er zu Ihnen ganz persönlich und individuell spricht. Sie sind in der Lage, diese Botschaft zu hören, zu deuten und als Reichtum in Ihr Leben zu integrieren. Ich glaube daran, dass Sie das können.

Denken Sie daran: Bezüglich der Symbole und des Erschaffens von Erfahrungen gibt keinen Unterschied zwischen dem Traum und unserem wachen Leben. Nutzen Sie also all Ihr neu gewonnenes Wissen auch und besonders für Ihr waches Leben. Schauen Sie sich Ihre eigenen Symbole und Symbolhandlungen an und die der anderen Menschen in ihrem Umfeld – so lernen Sie jeden Tag hinzu. Allergien und Farben sind zum Beispiel ein wunderschönes und leichtes Lernfeld, ebenso „zufällige" Unfälle und ähnliche Missgeschicke.

Nun wünsche ich wünsche Ihnen, dass Ihr Traum ein guter und hilfreicher Begleiter durch Ihr Leben wird. Denn Traumdeutung ist Selbsterkenntnis und damit Lebenshilfe.

Literatur:

Aeppli, Ernst: Der Traum und seine Deutung. 1960

Dahlke, Rüdiger: Krankheit als Sprache der Seele. Be-Deutung und Chance der Krankheitsbilder. 1999

Die Bibel. Nach der Übersetzung Martin Luthers, 1991

Freud, Sigmund: Die Traumdeutung. 9.Auflage 1950

Freud, Sigmund: Essays I, Auswahl 1890-1914, hg. v. D. Simon 1988

Freud, Sigmund: Essays II, Auswahl 1915-1919, hg. v. D. Simon, 1988

Freud, Sigmund: Essays III, Auswahl 1920-1937, hg. v. D. Simon, 1988

Hay, L. Louise: Gesundheit für Körper und Seele. 1994

Heidegger, Martin: Sein und Zeit. 1927

Hellinger, Bert/Gabriele ten Hövel: Anerkennen, was ist. Gespräche über Verstrickung und Lösung. 1996

Jung, Carl, Gustav: Die Beziehungen der Psychotherapie zur Seelsorge.1932

Jung, Carl, Gustav: Psychologische Typen. 1921

Jung, Carl, Gustav: Die Psychologie der Übertragung. 1946

Jung, Carl, Gustav: Archetypen. 1990, hg. von Lorenz Jung

Jung, Carl, Gustav: Der Mensch und seine Symbole.1981

Jung, Carl, Gustav: Psychologische Betrachtungen. Ausgewählt und hg. von J. Jacobi

Koeppe, Klaus: Die Mentale Hausapotheke. 2008

Koeppe, Klaus: Märchenstunde für Erwachsene. Was uns die Grimm'schen Volksmärchen wirklich erzählen. 2014

Moody, Raymond A.: Leben vor dem Leben. 1999

Schneider, Norbert, Jürgen: Die Kunst des Teilens. Zeit, Rhythmus und Zahl.1991

Sun Bear/Wabun Wind Shawnodese: Das Medizinrad-Traumbuch. Der indianische Weg der Traumdeutung. 1995

Der Autor:

Klaus Koeppe, Jahrgang 1959, ist studierte Philosophie, Ev. Theologie und Soziologie und arbeitete bis Ende 2020 als freiberuflicher Seminarleiter, Lebensberater, Coach und Buchautor.

Folgende Bücher von Klaus Koeppe sind bei Amazon erschienen und auch dort zu beziehen:

Psychologie & Lebenshilfe:

- **Die mentale Hausapotheke.**
  Seelische Ursachen und Bedeutungen von Krankheiten

- **Die Botschaften der Allergien.**
  Seelische Ursachen und Bedeutungen

- **Traumwissen.**
  Der Traum – Selbsterkenntnis und Lebenshilfe

- **Die Anderen und sich selbst besser verstehen.**
  Menschenkenntnis für den alltäglichen Gebrauch

- **Vorbereitung auf die große Reise – den Tod.**
  Ein Kursbuch

- **Was ist Spiritualität?**
  Ein Klärungsversuch

- **Stimme des blauen Mannes**.
  Ein indianisches Medizinbuch

- **Zeit für heilende Gedanken**.
  Spirituelle Impulse für die Heilung des Geistes

- **Der verlorene Mann**.
  Wege, ihn wiederzufinden

Philosophie & Gesellschaft:

- **Minderwertigkeitskomplex und Allmachtwahn**.
  Die psychische Krankheit der westlichen Zivilisation

- **Warum?**
  Eine Hinführung zum philosophischen Denken

- **Lebensgedanken**.
  Aphorismen, Gedanken und Einsichten

- **Konflikte verstehen und lösen**.
  Ein Mitdenkbuch

- **Die Macht der Symbole in unserem Alltag**.
  Von der Kunst, mit Symbolen zu kommunizieren

- **Märchenstunde für Erwachsene**.
  Was uns die Grimm'schen Volksmärchen wirklich erzählen

- **Verschwörung**!
  Ein Versuch, den Wahn zu verstehen

Und das noch:

- **Der alte Mann im Baum**.
  Gute-Nacht-Geschichten

---

[i] Dieses Zitat stammt aus dem Buch „Ein Kurs in Wundern", 14. Aufl.2019 S. 376

www.ingramcontent.com/pod-product-compliance
Lightning Source LLC
Chambersburg PA
CBHW060247290526
45789CB00001B/226